AF222533

Peter Landgraf   Im Herzen der Südsee

Peter Landgraf

Im Herzen der Südsee

Tahiti
Moorea, Huahine, Raiatea
Bora Bora

Copyright © 2007 Peter Landgraf
Alle Rechte vorbehalten

Herstellung und Verlag: Books on Demand GmbH, Norderstedt
Printed in Germany

Text, Fotos und Umschlaggestaltung: Peter Landgraf
Internet: info@peterlandgraf.de

ISBN   9783837011791

Die Deutsche Bibliothek verzeichnet diese Publikation in der
Deutschen Nationalbibliografie; detaillierte bibliografische Daten
sind im Internet über http://dnb.ddb.de abrufbar.

Inhalt

Geduld

Der Airbus A 340 überfliegt kurz nach Mitternacht den Äquator etwa bei 135° Westlicher Länge. Glücklicherweise konnte ich einige Stunden schlafen. Von ein paar kleineren Turbulenzen abgesehen, verlief der Flug von Los Angeles nach Papeete bisher ruhig und problemlos.

Die lange Reise macht mich unruhig. Ich rutsche auf dem Sitz hin und her. Die Uhr zeigt ein Uhr morgens. Irene blickt auf der Backbordseite zum Fenster hinaus.

„Sieh' mal. Ist das ein Feuer?" Sie ist ganz aufgeregt.

Angespannt beobachten wir die Stelle, an der ein roter Schein wie ein Fanal am Horizont steht. Zwei Spitzen schieben sich langsam empor, die nach kurzer Zeit die Silhouette des blutrot gefärbten Mondes formen. Er liegt wie eine venezianische Gondola auf dem dunklen Pazifik. Rasch verliert sich der rötliche Schimmer, um einem leuchtenden Weiß wie in unseren Breitengraden zu weichen.

Von den zur See fahrenden Entdeckern wurden einst viel Mut und Entbehrung abverlangt – gleich ob sie Magellan, Tasman, Bougainville oder Cook hießen. Sie stießen auf jahrelanger Fahrt in ein unbekanntes Meer vor, dem der Name Pazifik gegeben wurde. Selbst Anfang des 20. Jahrhunderts war der Ausgang einer Schiffsreise zu den fernen Inseln noch ungewiss. Sie wurde auf unvorstellbar zehn Wochen angesetzt.

Heute ist Mut nicht mehr gefragt. Das satellitengestützte Navigationssystem GPS leitet die technisch perfektionierten Flugzeuge sicher ans Ziel. Dem Passagier wird Geduld abverlangt. Er muss Sitzfleisch haben. Die Strecke von Frankfurt oder Paris nach Kalifornien wird inzwischen in einem Stück in elfeinhalb Stunden bewältigt. Über den Pazifik sind es weitere achteinhalb Stunden und einschließlich des Zwischenaufenthalts und der Anreise vergehen etwas mehr als vierundzwanzig Stunden. Wer ist schon daran gewöhnt, einen ganzen langen Tag zu sitzen, zu lesen, zu essen, auf dem Monitor zu spielen, zu schlafen, wach zu werden und immer noch zu sitzen.

„Nur noch eine Stunde. Dann sind wir am Ziel", sage ich zu Irene beruhigend.

Französisch Polynesien umfasst fünf Inselgruppen: Die Marquesas-Inseln und den Tuamotu-Archipel im Norden, die Gambier-Inseln im Osten, die Austral-Inseln im Süden und schließlich darin eingebunden die Gesellschaftsinseln im Zentrum. Fünf Inseln der letzten Gruppe wollen wir auf dieser Reise besuchen, die nahe beieinander inmitten der Südsee liegen – Tahiti, Moorea, Huahine, Raiatea und Bora Bora.

Insel im Wind – Tahiti

Das Maeva Resort auf Tahiti liegt umrahmt von zwei Landzungen am Sandstrand einer Lagune mit Blick auf die Nachbarinsel Moorea. Matahei serviert uns in der Halle mit sanftem Lächeln Erfrischungen. „Maeva", ruft er uns zu, den Willkommensgruß des Landes. Seinen Namen lese ich auf einem kleinen Schild auf seinem Pareu. Ich muss schmunzeln. La Garçonne wurde in den 1920-ern das Mädchen genannt, das wie ein Mann aussehen wollte, der wie ein Mädchen aussieht – mit engen Hosen und taillierter Jacke, kurz geschnittenen und schwarz gefärbten Haaren, mit dem gestelzten Gang eines Mannequins und einer knabenhaft schlanken Gestalt. Der Mahu ist die tahitische Variante – und Matahei ist ein solcher: Ein Mann, der eine Frau sein möchte. Das Gesicht bartlos mit weichen Zügen. Den ebenso weichen wie weiblichen Oberkörper mit einem Ansatz von Brüsten in einen landestypischen Umhang, den Pareu, gehüllt. Darunter die verkümmerten männlichen Attribute, deren mangelnde Kraft gar nicht vermisst wird. Nach der Tradition wurde in großen Familien einer der Söhne ausgewählt, wie eine Frau erzogen und als Diener dem Ältesten des Stammes in Obhut gegeben. War dieser Mahu von Natur ein Zwitter, was in Folge des häufigen Inzests gar nicht selten vorkam, war auch seine Rolle als Transvestit perfekt. Noch heute gehören die Mahus zur polynesischen Kultur.

Lange hatte es gedauert, bis Tahiti von den Europäern entdeckt wurde. Bereits im 16. Jh. durchquerten der Spanier Mendana und der Portugiese Quiros den Tuamotu-Archipel – dieser liegt auf halber Strecke zwischen Peru in Südamerika und den Philippinen und von beiden Küsten jeweils 8.000 km entfernt. Aber erst 1767 sichtete der britische Kapitän Wallis diese größte Insel der weit verzweigten Archipele und ging an Land. Ein Jahr später folgte der Franzose Bougainville; im Jahr darauf James Cook, der bekannteste aller damaligen Seefahrer. Die schwärmerischen Schilderungen dieser Männer ließen die Legende vom Südseeparadies entstehen, die bis heute zahlungskräftige Besucher aus aller Welt anlockt.

Tahiti mit dem Flughafen Ta'aa nahe der Hauptstadt Papeete ist die Drehscheibe Französisch Polynesiens für den Flugverkehr und politisches wie wirtschaftliches Zentrum. Wir interessieren uns für Land und Leute und die spärlichen Reste der bewahrten polynesischen Kultur, mieten einen Wagen und schlagen den Weg Richtung Süden ein, um die Insel gegen den Uhrzeigersinn zu umrunden.

Die steil abfallenden Hänge des Gebirges zur Linken sind stark zerklüftet. Wolken umhüllen die über 2.200 m hohen Gipfel des Mt. Orehena. Die von den Lavaströmen gebildeten Rippen und Täler wurden vom tropischen Regen tief ausgewaschen. Wo die Menschen den Urwald rodeten, stehen in erhöhter Lage die Villen der Gemeinde Punaauia, deren Bewohner eine phantastische Aussicht auf den Ozean und Moorea haben. Weiter unten und rechts und links der Straße sehen die Häuser einfacher, manchmal fast ärmlich aus. Zweidrittel aller Einwohner Französisch Polynesiens leben auf Tahiti. Für viele hat sich der Traum vom Wohlstand im eigenen Inselparadies nicht erfüllt. Die Quote der Arbeitslosen ist erschreckend.

Ein Stückchen weiter zweigen wir nach rechts zum Point des Pêcheurs ab. Nein, wir wollen nicht mit den Fischern hinaus aufs Meer, sondern das Museum von Tahitit und den Inseln aufsuchen.

Ein Ti'i begrüßt die Gäste im Vorgarten, eine aus Stein geformte Statue. Im Hauptraum finden wir eine ganze Sammlung dieser Bildnisse, die Götter und Dämonen, vor allem aber auch Ahnen darstellen können. Leider gibt es keine schriftlichen Überlieferungen über die Bedeutung dieser großartigen Kultobjekte und die mündlichen sind sehr lückenhaft. In Hawaii heißen die dort meist fratzenhaften Gestalten Tiki. Und auf Rapa Nui, der großen Osterinsel, werden die monumentalen Figuren Moai genannt, die als „Denkmäler ihrer Ariki's" bezeichnet wurden. Gemeinsam sind ihnen die weit aufgerissenen, großen Augen. Möglicherweise ein heimlicher Wunsch der Polynesier mit ihrer südostasiatischen, vielleicht sogar mongolischen Abstammung. Oder sind sie die Sehenden, die hinter die Geheimnisse des Lebens blicken?

Tonscherben liegen daneben. Die dürftige Beschreibung wird ihrer Bedeutung nicht gerecht. Die ältesten Funde in Melanesien und Polynesien sind 3.000 Jahre alt. Die Keramiken wurden mit Bändern, Schildkröten und Ornamenten verziert. Einige Zeichen können als ineinander verschlungene Feuerräder gedeutet werden. Sie symbolisieren die Kraft des Weltalls, des Feuers und des Stammes der Urahnen. Der Russe Alexander Hinevitsch sammelte die vielfältigen Symbole der Arischen Veden, die Swastika genannt werden. Das Wort aus dem Sanskrit bedeutet „heilbringendes Zeichen". Die Verwendung in der Frühgeschichte Asiens ist überliefert und die Wiedergabe in der als Lapita-Kultur bezeichneten Töpferei Ozeaniens kann als Anhaltspunkt für die Herkunft der Polynesier aus dem asiatischen Raum gelten.

Im Althochdeutschen nannten die Germanen eine Variante des Feuerrades „fyrfos", Vierfuß. Die Benutzung im Dritten Reich gab dem Hakenkreuz einen bis heute gebliebenen, unangenehmen Beigeschmack.

Lange halten wir uns nicht auf. Schnell werfen wir noch einen Blick auf einen Stich, der James Cook als Teilnehmer einer Opferzeremonie auf einem Kultplatz zeigt. Ein Erschlagener wird dem Kriegsgott Oro von einem Häuptling und seinen Helfern dargebracht – eine makabre Szene, die der britische Kapitän ausführlich in seinem Logbuch beschrieb. Auf einer Mauer liegen Totenschädel vor geschnitzten Zeremonienstäben; geopferte Schweine auf einem hohen Tisch. Männer schlagen die Trommeln, wahrend Priester die Götter anrufen. Ein Schauder erregender Anblick.

Wir fahren weiter, um eine dieser Kultstätten beim Ort Paea aufzusuchen. Zuerst kommen einige schmucke Häuser der Kolonialzeit in Sicht. Rings um einen kleinen Platz drängen sich das Rathaus, die Post, die Polizei und die Feuerwehr. Dahinter stehen in ruhigen Gassen verträumte Privathäuser, die französisches Flair atmen. Wer einen Wegweiser sucht, übersieht zunächst wie wir den vom Regen ausgewaschenen Schriftzug Arahurahu an der

Mauer nach dem Supermarkt. Ich wende den Wagen und folge langsam einem geschotterten Weg, der bergwärts in den Regenwald führt. Im Schatten eines Urwaldriesen halte ich an.

Das Haus der Tempelwächter ist im polynesischen Stil erbaut und mit den langen Blättern des Pandanussbaumes gedeckt. Das ältere Ehepaar bewacht und pflegt liebevoll den Kultplatz. Beide sitzen auf kleinen Stühlchen und warten auf Kundschaft, der sie frische Kokosmilch und kunsthandwerkliche Arbeiten verkaufen möchten. Drei Schweizer und wir sind allerdings die einzigen Besucher.

Ein schmaler Weg führt in das Paea-Tal auf eine erhöhte Lichtung. Zwischen mehreren Monolithen wacht am Eingang zum Marae, wie die Polynesier ihren Zeremonienplatz nennen, ein mächtiger Ti'i. Dahinter liegt, von einer rechteckigen Steinmauer eingerahmt, der eigentliche Tempel. Er wurde in Form einer Stufenpyramide gebaut. Die Anlage ist zum Meer hin und nach Westen, zur untergehenden Sonne ausgerichtet. Dort liegt das Reich der Hine nui te po, der großen Göttin der Nacht, die alle Verstorbenen am Ende des Ozeans zu sich holt.

Die Kräfte der Natur setzten der heiligen Stätte stark zu, der Geist der alten Polynesier bleibt jedoch für alle Zeit erhalten. Während einst Musikanten die Trommeln schlugen, führten die Priester die Riten aus, die vom Anlass der Zusammenkunft bestimmt waren. Das konnten familiäre Ereignisse gewesen sein, wie Geburt, Hochzeit und Tod, oder wichtige, für alle zu treffende Entscheidungen, wie Landverteilung, Rechtsprechung, Kriegsrat, Siegesfeier und der Aufbruch zur Entdeckung neuer Inseln. Immer wurden die Götter angerufen. Opfergaben sollten sie wohlgesinnt stimmen. Sie legten Früchte und Gemüse nieder, töteten Schweine und, wie der Stich im Museum beweist, manchmal auch Menschen.

Jährlich findet im Juli hier ein großes Fest statt, das Heiva nui. Die Teilnehmer reisen von den umliegenden Inseln an. Tanzgruppen treten auf. Männer schlüpfen in die Rolle von Priestern und Häuptlingen, die Tahua und Ari'i hießen. Sie kleiden sich dabei traditionell mit Umhängen aus Tapa, die mit den bunten Federn kleiner Vögel und dem Perlmutt von Muscheln verziert sind. Als Kopfschmuck werden hohe Federkronen getragen, die dem Auftritt feierliche und zugleich dramatische Züge geben.

Die Priester der christlichen Kirchen müssen an diesem Tage die Augen schließen, denn während des Festes stehen die alten Götter im Vordergrund – Rangi nui, der Vater des Himmels, und Papa tu a nuku, die Mutter der Erde, und ihr gemeinsamer Sohn, der Gott der Fruchtbarkeit. Auf Tahiti wird er Ro'o genannt und auf Hawaii Lono. Dieser wurde James Cook bei seiner dritten Reise zum Verhängnis. Die Hawaiianer hielten den Weißen für den leibhaftigen, auf die Welt zurückgekommenen Gott Lono. Als ein Mast seines Schiffes im Sturm brach, was einem Gott nicht passieren kann, war es um die Göttlichkeit Cooks geschehen. Der große Entdecker wurde am 14. Februar 1797 auf Hawaii erschlagen.

Ich folge einem Pfad, der hinter dem Marae tief in die Urlandschaft des Tales führt. Die Natur fesselt mich. Ich atme den Duft des Waldes. Die Stille ist unheimlich. Seevögel, kleine Täubchen und den quirligen Mynah sah ich beim Frühstück am Strand. Hierher verirren sie sich nicht. Lediglich das Netz einer Spinne schwingt zwischen den Ästen leicht im Wind. Affen oder andere wilde Tiere gibt es auf den Atollen inmitten des Pazifiks nicht. Den Brotfrucht- und den Pandanussbaum kann ich benennen, auch die Eisenbaum genannte Kasuarine und die Blüten der Plumeria. Nach kurzer Wanderung sind meine Schuhe vom feuchten Boden durchnässt. Ich beschließe umzukehren und vor einer nächsten Tour in den Regenwald meinen Führer zu studieren, damit ich diese wunderbare und geheimnisvolle Natur noch besser begreifen kann.

Irene, die nicht mitkam, wartet beim Ti'i auf mich. Ich fotografiere diese mystische Statue aus unterschiedlichen Blickwinkeln. Irgendwie kommt mir die Haltung bekannt vor.

„Jetzt weiß ich es", sage ich zu ihr nach einer Weile. „Die Gestalt erinnert mich an die Königsgräber auf der Insel Samosir im Tobasee auf Sumatra."

Ti'i Arahurahu

Richtig. Die Stirnseite des kunstvoll gearbeiteten Sarkophags von König Sidabutar aus dem 18. Jh. ziert eine Figur, die in ihrem Ausdruck dem Ti'i sehr ähnlich ist. Beide kauern mehr sitzend als stehend mit abgewinkelten Knien und auf dem Bauch ruhenden Händen. Ich versuche mich weiter zu erinnern. Darüber war der monumentale Kopf des Urahnen, des Stammvaters. Er hatte übergroße Augen, eine lange, gerade Nase und ein martialisches Kinn, so wie der im Museum abgebildete Moai der Osterinsel, den wir heute Morgen sahen. Gibt es hier Verbindungen? Die Polynesier gehören wie die Batak von Sumatra und auch die Torajas von Sulawesi zur gleichen austronesischen Sprachfamilie. Alle drei Völker verehrten ihre Ahnen, denen sie Statuen widmeten. Sie glaubten und glauben vielleicht noch heute an die seelischen Mächte, an die Seelensubstanz, die alles Leben durchdringt und ihren Führern, den Priestern und Ari'i, besondere Kräfte verleiht. Tupapau, der Geist der Verstorbenen, lebt in diesen Ti'is, dem sie große Ehrfurcht entgegenbringen.

Noch in Gedanken über die möglichen Zusammenhänge setzen wir die Erkundung in den Süden der Insel fort. Die Küstenebene wird breiter, die Landschaft idyllischer. Nieselregen trübt die Stimmung, als wir den Ort Mataiea passieren. Hier lebte einige Jahre der berühmte Maler Paul Gauguin, der mit seinen ausdrucksstarken und farbenfrohen Bildern der Legende vom Südseeparadies Nahrung gab. Das reine Licht, das er hier fand, bleibt uns verborgen. Die Wolkenschleier reichen fast bis an die Küste. Nur einmal reißen sie auf. Für wenige Minuten bringt die Sonne das vielfältige Grün der Blätter und das zarte Türkis der Lagune zum Leuchten.

Einige Skizzen, Drucke, Linolschnitte und holzhandwerkliche Arbeiten des Künstlers bilden den Fundus des Gauguin-Museums am Ufer des Pazifiks. Ölgemälde werden nur als Kopie gezeigt und nicht im Original. Die Dokumentation über sein Leben berührt. Ich lese Berichte über seine unstete Existenz, die meist am Rande des Ruins dahinschlitterte. Enttäuscht von der Alten Welt flüchtete Gauguin in eine Traumwelt, in der die Menschen nur die Süße des Lebens kennen. Te Faruru scheint sein Wahlspruch gewesen zu sein: Hier wird die Liebe gepflegt. Er lebt mit exotischen Frauen zusammen, die ihm Modell stehen und Kinder gebären. Die erste verlässt er, weil sie ihm zu modern, zu gebildet und nicht natürlich genug war. Die zweite, Teha'amana, beflügelt ihn zu unermüdlicher Schaffenskraft. Über sechzig Bilder sollen in noch nicht einmal zwei Jahren entstanden sein – darunter jene mit der sinnlichen Ausstrahlung seiner Lieblingsgefährtin, die noch immer in Ausstellungen die Betrachter in der ganzen Welt in ihren Bann zieht. Traurig endet sein Leben auf der Marquesas-Insel Hiva Oa. Seine dortige, neue Geliebte verlässt ihn. Von einer Syphilis und der Entzündung seiner Lunge gezeichnet, rafft den unter Morphium stehenden Maler eine Herzschwäche dahin. Der Nachwelt bleiben einzigartige, gefühlsstarke Bilder, die er mit der ihm eigenen, großflächigen Handschrift meisterlich in Szene setzte.

Dem Nieselregen folgten anhaltende Schauer. Wir machen deshalb Pause und kehren in das polynesische Restaurant beim Museum ein. Die Chefin ist an Leibesfülle nicht zu überbieten. Die von Rubens gemalten Frauen wirken kränklich im Vergleich. Ihre Haare hat sie geknotet und mit einem bunten Tuch in den Farben ihres Pareus auf ihrem übergroßen Kopf hochgebunden. Sie heißt uns mit einem „Maeva" willkommen. Ihre Stimme ist weich und rund. Ihre großen, sanften Augen und ihr Lächeln sind unwiderstehlich. Würde Gauguin sie gekannt haben, er hätte sie sofort gemalt – nicht hinter der modernen Scannerkasse, sondern unter den Blüten eines Hibiskusstrauches. Ihre hellbraune Haut ist zart und rein – keine Pigmentflecken, nur weiche Konturen.

Ein Zeltdach schützt die Tische und Stühle des offenen Restaurants, das fast gänzlich besetzt ist. Heute ist Sonntag und die Einheimischen lassen sich nach dem Kirchgang verwöhnen.

Die Tochter führt uns an einen ruhigen Tisch auf der Strandseite. Der prasselnde Regen übertönt das Plätschern der Wellen. Sie reicht uns die Speisenkarte.

„Iaorana, hallo. Ich hoffe, Sie fühlen sich wohl bei uns."

Sie ist das Gegenstück zu ihrer Mutter. Groß, schlank und wohlgeformt, mit offenen, langen, schwarzen Haaren – eine Schönheit mit betörend erotischer Ausstrahlung, wie sie heutzutage die Titelseite der Magazine schmücken könnte.

Mehrere Fisch- und Fleischgerichte werden angeboten. Wir bestellen Mahimahi, jenen großartig schmeckenden Fisch, der im Pazifik zu Hause ist.

„Heute bieten wir nur Roastbeef an, zartrosa gebraten, in einer kräftigen Rotweinsauce mit grünem Pfeffer", erklärt sie.

„Warum keinen Fisch?"

„Wir Polynesier lieben es, am Sonntag Fleisch zu essen. Machen Sie mit. Sie werden begeistert sein."

Ihr Charme überzeugt. Wir können verstehen, warum sich Paul Gauguin im Süden von Tahiti so wohl fühlte. Wir scherzen noch ein paar Mal mit ihr beim Verabschieden.

„Mauruuru et nana", danke und auf Wiedersehen, sagen wir gegenseitig. Sie begleitet uns zur Tür und winkt uns nach.

Tahiti besteht aus zwei Inseln, die miteinander verbunden sind, einer großen und einer kleinen, Tahiti nui und Tahiti iti. Bis zum Ort Taravao auf dem Isthmus sind es nur wenige Kilometer. Der Regen wird stärker. Die Wolkenwand verdunkelt sich. Die Windstärke nimmt zu. Orkanartige Böen schütteln unseren Wagen. Jetzt wissen wir, weshalb die Entdecker Tahiti ‚Insel im Wind' tauften. Der Pazifik, der Stille Ozean, schlägt unter dem Druck der sturmartigen Passatwinde an diesem Tag wütend gegen das Riff und die felsige Küste.

Wir ändern den Plan, wenden und fahren auf der Westseite zurück. Eine gute Entscheidung, denn in Paea scheint bereits wieder die Sonne. Das Gebirge wirkt wie ein Bollwerk und bindet das schlechte Wetter an den Abhängen im Osten.

James Cook ankerte auf seiner ersten Reise 1769 sein Schiff Endeavour in der Matavai Bay im Norden der Insel Otaheite – so nannten die Eingeborenen ursprünglich Tahiti. Er sollte im Auftrag der britischen Admiralität das sagenumwobene Südland Terra Australis entdecken und eine seltene Sternenkonstellation vermessen – den Durchgang der Venus zwischen Sonne und Erde. Das nahe Nordkap, heute Point Venus genannt, schien ihm für diese Aufgabe besonders geeignet. Wir parken den Wagen und gehen die letzten Meter zu Fuß. An Land herrschten damals mehrere Ari'i, Häuptlinge und Oberhäuptlinge. Die Sippe, deren Territorium diese Felsspitze einschloss, konnte sich glücklich nennen, denn die Briten machten ihren Führer zum König von ganz Tahiti – ein Glücksritter namens Pomare I. Der Clan regierte, bis Pomare V. 1880 Tahiti und die Inseln an Frankreich als Kolonie abtrat.

Ein Denkmal erinnert an James Cook und auf dem Kap, das ihm als Standort für sein tragbares Observatorium diente, steht ein weithin sichtbarer Leuchtturm. Wir blicken hinaus auf das Barriereriff und den Pass, durch den einst die großen Segelschiffe die schützende Bucht erreichten. Im Westen sehen wir das Häusermeer von Papeete, ein ausufernder Moloch, ein schockierender Albtraum für all jene Erstbesucher, die noch immer an das Südseeparadies und die Inseln der freien Liebe glauben. Autoschlangen drängen über den Boulevard Pomare. Passagiere der Kreuzfahrtschiffe wälzen sich in Hundertschaften über die Bürgersteige vor den Geschäften, die schwarze Südseeperlen, Juwelen, T-Shirts, Pareus und Krimskrams anbieten. Staubwolken umhüllen in den nicht sehr sauberen Nebenstraßen die Besucher der wenigen, sehenswerten Gebäuden der Kolonialzeit. Nur wer die Markthalle erreicht, kann aufatmen. Dort geht es zwischen den bunten Ständen gemächlich zu.

Auch wir absolvieren auf dem Rückweg dieses Programm und beschließen den Bummel im Centre Vaima beim Kai der Luxusliner. Musik lockte uns an. Besser gesagt, das harte Trommeln dreier athletischer Männer, nach deren Rhythmen eine Heerschar tanzender Polynesierinnen im Baströckchen und mit Blumenkränzen im Haar mehr Hollywood als traditionelle Folklore bieten. Über die Rue des Ecoles fahren wir zurück zum Hotel – ein sinniger Name für eine Straße, in der zur nächtlichen Stunde die Freizügigkeit der bezahlten Liebe zu Hause ist.

An der Bar am Pool trinken wir noch ein Hinano vom Fass, ein Premium Bier, gebraut von der Brasserie de Tahiti. Die Mondsichel leuchtet schräg vor uns.

„Wenn ich es richtig weiß, dann nimmt der Mond derzeit ab, obwohl er wie ein zunehmender aussieht."

„Lass dich nicht beirren. Auf der südlichen Halbkugel läuft so manches verkehrt herum."

Die Insel mit dem Loch im Berg – Moorea

Renée, der Pilot, steuert die Twin Otter auf dem Inselsprung von Tahiti nach Moorea. Er ist um die Vierzig, gebürtiger Franzose und ein smarter Typ. Ich sitze direkt hinter ihm.

„Schalten Sie auf ‚Reverse‘ erst auf dem Rückflug", scherze ich mit ihm auf halber Strecke. „Wir möchten sicher ankommen."

Sein schallendes Lachen lässt die Passagiere in den ersten Reihen aufhorchen, ohne den Zusammenhang zu kennen. Unmittelbar nach der Landung zieht er den Hebel und dreht die Propeller und damit den Schub um.

„Das schont die Bremsen und die Reifen." Er meint, eine Erklärung schuldig zu sein. Nach noch nicht einmal zwanzig Minuten stellt er den Motor ab. „Genießen Sie Moorea. Ich lande hier täglich viermal und habe leider keine Zeit zum Laisser-faire."

„Mauruuru et nana", rufe ich ihm zu.

Aus der Vogelperspektive gleicht die Insel einem Rochen. Zwei Buchten umspielen den Kopf und den Rücken und die flachen Ebenen auf beiden Seiten schwingen wie wellende Flügel bis zum schmal auslaufenden Ende. Auf der rechten, nördlichen Schulter liegt das Pearl Resort an einem von Palmen bestandenen Strand. Voller Ungeduld ziehen wir uns gleich nach der Ankunft um, greifen die Schnorchelausrüstung, waten bis zu den ersten Korallenbänken und bestaunen, auf der Oberfläche plätschernd, die bunte Unterwasserwelt. Noch nicht einmal hundert Meter von der Küste entfernt, fällt das Saumriff steil ab. Hier tummeln sich die Lagunenfische in bunter Vielfalt. Die schwarzgelb gestreiften Skalare und die türkisen Angelfische tanzen wie Mannequins vor meinen Augen. Vereinzelte Triggger nagen an den Korallenspitzen. Kleinere Fische, schwarzgrau oder gelb, bilden davonhuschende Schwärme. Seeigel, Anemonen, Muscheln, kleine Krebse und Seesterne bevölkern die bizarren Korallengebilde. Die winzigen Polypen gehören zu den großartigsten Baumeistern der Natur. Ich lasse mich bis zu den Überwasserbungalows treiben, die mit acht bis zwölf Betonpfeilern auf dem Riff verankert wurden. In ihrer Nähe ist der Meeresgrund wüst und leer. Raupenfahrzeuge, Bagger, Bohr- und Baumaschinen wälzten unter Wasser die Wunderwelt platt, die stellenweise zerstückelt, abgestorben und ausgebleicht den Boden bedeckt. Überrascht und schockiert tauche ich auf, um das Inferno von einem Steg zu betrachten, der die Bungalows verbindet. Ich entdecke eine Schautafel. Sie gibt Auskunft über eine Initiative der Hotelverwaltung, die ihr eigenes, schlechtes Gewissen zu besänftigen versucht. In viereckigen Kästen werden am Meeresgrund mehrere Korallenarten gezüchtet, die nach erfolgreicher Vermehrung bei den Bungalows ausgesetzt werden. Ich weiß nicht, ob dieser Versuch gelingt und was ich davon halten soll. Es wäre besser, auf den zerstörerischen Bau der Bungalows und der sie verbindenden Stege zu verzichten.

Moearii holt uns am nächsten Morgen am Hotel ab. Sie bringt uns zum nahen Flughafen, wo wir einen Leihwagen übernehmen.

„Versäumen Sie nicht, das Bali Hai aufzusuchen", empfiehlt sie kurz vor dem Aufbruch. „Vom Garten dieses Hotels können Sie die schönsten Berge unserer Insel sehen." Sie deutet auf den felsigen Rücken am Horizont. „In der höchsten Spitze befindet sich ein Loch." Ihre Augen funkeln. „Kennen Sie die Legende von der Entstehung dieses Loches?" Wir müssen verneinen. „Die neidischen Götter der Nachbarinseln wollten vor langer Zeit einen unserer heiligen Berge stehlen. Sie legten in der Nacht eine Schlinge um den Gipfel. Das merkten die Schutzgötter von Tahitit, die Moorea wohl gesonnen waren. Sie schleuderten einen Speer in den heiligen Berg und hielten ihn fest. Das Zischen des Speeres vertrieb die bösen Götter und Geister der fremden Inseln." Sie lächelt zufrieden.

„Danke für diese Geschichte. Mauruuru. Wir werden danach Ausschau halten."

„Parahi oe."

„Auf Wiedersehen."

Das Bali Hai erreichen wir bereits nach zehn Minuten. Es liegt am Ufer der Cook's Bay. Das tiefblaue Wasser spiegelt die zerklüfteten Spitzen der erloschenen Vulkane und das satte Grün der Wälder. Fotografen kommen ins Schwärmen. Was für ein Panorama! Das Hotel selbst bietet Romantik pur: Mit Blättern gedeckte Häuschen und Bungalows, Korbsessel mit weichen Kissen zum Lümmeln auf den Veranden, ein blühender Garten, überall Palmen, ein ausladender Banyanbaum am Rande der Lagune, darunter das Restaurant The Blue Pineapple mit ausgelassenen Gästen, die Spaß daran haben, den Fischen Brotkrumen zuzuwerfen.

Ein Anwalt aus Kalifornien verliebte sich auf einer Segeltour in das exotische Paradies von Moorea. Er, Hugh, begeisterte seine beiden Freunde, den Barbesitzer Muk und den Broker Jay. Sie brechen ihre Zelte in den Staaten ab, kaufen eine verwilderte Vanilleplantage auf der Sonnenseite der Cook's Bay und bauen von ihrem Ersparten Anfang der 60-er Jahre ihr Traumhotel in der Südsee. Sie geben ihm den Namen Bali Hai nach einer von James Michener so benannten Insel in dem verfilmten Buch South Pacific. Ein bebilderter Bericht des Life-Magazins krönt das Werk der drei legendären Aussteiger. Sie brachten die Lawine des Tourismus in ganz Polynesien ins Rollen.

Von der Terrasse des Restaurants halten wir Ausschau. Das Loch im heiligen Berg ist nicht zu übersehen. Auf dem Sattel darunter befindet sich eine Aussichtsplattform – unser nächstes Ziel.

Wir umfahren die Bucht. In dem Ort Paopao biegen wir ins Innere der Insel ab. Papaya und Pampelmusen werden hier angebaut. Aus einem Ananasfeld ragen die stachligen Blätter der Früchte. Rinder weiden an den unteren Hängen. Dann führt der Weg steiler bergan durch einen dichten Regenwald zum Belvédère. Hier kann man ins Schwärmen kommen. Der Blick schweift über das Dach riesiger Bäume hinüber zum Mt. Rotui, der von der Cook's Bay und der Opunohu Bay eingerahmt wird – ein malerisches Bild. Das Bali Hai ist zu erkennen. Ein Kreuzfahrtschiff sucht seinen Weg durch die Lücke des Riffs. Der weiße Turm der katholischen Kirche leuchtet weithin in der Sonne. Nur der alte Kultplatz direkt unterhalb des Aussichtspunktes bleibt verborgen. Der Urwald überwucherte die Mauern des Marae Titiroa. Mit dem heiligen Berg und dem Loch im Rücken wurde er nach Norden hin ausgerichtet, wo die Leben spendende Sonne an den meisten Tagen des Jahres im Zenit steht. Nur im Dezember und Januar zieht sie sich im Süden hinter den heiligen Berg zurück, wenn sie den Wendekreis des Steinbocks erreicht.

Die Zeit drängt. Wir wollen die Tiki Village genannte polynesische Ansiedlung aufsuchen, bevor das große Schiff seine Passagiere ausspukt, die am Nachmittag dort einfallen werden.

Einheimische erbauten an der Westflanke der Insel bei einem alten Tempel ein Dorf im traditionellen Stil. Einige Häuser sind Wohnung und Museum zugleich. An der Kasse bietet man mir eine persönliche Führung in englischer Sprache an. Eine junge Polynesierin macht auf sich aufmerksam.

„Oh yes, we will go with the Coconut-Guide".

Sie heißt Poema und trägt halbierte Kokosnüsse als BH umgebunden. Ich zahle den Aufpreis und wir folgen ihr. Was für ein glücklicher Zufall. Sie weiß viel über das heutige und das frühere Leben der Maohi, wie sich die Leute selbst nennen, zu erzählen. Sie macht uns mit der Mutter des Clans bekannt. Eine mächtige Frau. Sie sitzt im Eingang ihres Hauses und raspelt gerade das Fleisch von Kokosnüssen. Eine jüngere Frau schneidet frischen Fisch in kleine Stücke, die sie mit dem Saft von Zitronen mariniert. Beides wird gemischt, mit Kokosmilch übergossen und roh serviert. Das schmeckt köstlich. In den Restaurants wird diese klassische Speise als ‚Poisson cru' angeboten. Leider vergesse ich, die polynesische Bezeichnung zu erfragen.

Im Wald beim Aussichtspunkt übten wir uns vorhin als Botaniker und versuchten an Hand eines gestern im Hotel erstandenen Führers die Flora der Insel zu entziffern: Uru, Hotu, Fara und wie sie alle heißen. Poema führt uns in einen abgedunkelten Raum, in dem einige heimische Früchte lagern: Taro und Yam, beides stärkereiche Wurzelknollen, aus denen nahrhafter Brei gekocht wird; Bananen, wie wir sie kennen und Kochbananen, die nicht roh verzehrt werden können; Zuckerrohr, Pandanüsse; Kokosnüsse; die nahrhaften Knollen des Brotfruchtbaumes und andere Knollenfrüchte, aus denen eine antiseptische Medizin gewonnen wird.

Aus den jungen Trieben des Brotfruchtbaumes und des Maulbeerbaumes fertigen die Maohis feinste Stoffe, die gleich daneben zum Trocknen in der Sonne hängen. Nach dem Wässern der Rinde lösen sie den Bast von der Innenseite, schlagen ihn mit Holzklöppel weich und flechten daraus breite und lange Bahnen. Zwei Frauen sind gerade dabei, die Tapa genannten Stoffe mit Pflanzenfarben kunstvoll zu bemalen.

Poema deutet auf ein großes Haus, das alle anderen überragt. Den Eingang umrahmen bunte Blütengirlanden.

„Am Nachmittag findet eine Hochzeit statt. Kommen Sie. Ich zeige Ihnen das Hochzeitshaus."

Wir ziehen die Schuhe aus. Gemeinsam gehen wir durch die mit bunten Tüchern, Bändern und Blumen geschmückten Zimmer. Die angenehme Kühle in den Räumen überrascht. Schlitze in den Dächern lassen die Luft zirkulieren. Poema trägt eine weiße Plumeria hinter dem linken Ohr – ein Zeichen, dass sie verheiratet ist.

„Haben Sie auch hier geheiratet?"

Ein glückseliges Lächeln huscht über ihr sinnliches Gesicht. „Ja. Und ich habe bereits zwei Kinder."

Sie geht weiter und führt uns aus dem Schatten der Häuser und Bäume heraus auf einen Platz vor dem Marae des Dorfes.

„Wir heiraten heutzutage zweimal", erklärt sie. „Zuerst im Rathaus in Afareaitu auf der anderen Seite der Insel. Wenn wir zurückkommen, finden anschließend die Zeremonien nach alter Sitte im Hochzeitshaus und hier beim Marae statt."

Sie deutet auf den Fatarau genannten, steinernen Opfertisch in der Mitte der Anlage.

„Dort legen wir getötete Schweine und Fische nieder; auch Früchte und Blumen." Direkt am Ufer steht der den Göttern und Ahnen geweihte Altar, der Ahu. „Die aus Holz geschnitzten Unus vermitteln die Botschaften zwischen den Göttern und den Priestern und uns Menschen." Drei oder vier Zacken bilden das Ende dieser geschnitzten, langen Bretter, die als ‚Antennen' funktionieren. „Die hohen Steine am Wasser symbolisieren unsere Ahnen", erklärt sie weiter. „Wir rufen sie an, damit sie unsere Lebenskraft, das Mana, stärken."

Poema vor dem Marae ihres Dorfes

„Und der Ti'i?" frage ich.

„Das ist ein sehr alter Ti'i. Er beschützt schon seit vielen Generationen unseren Marae und die Bewohner des Dorfes."

Der Marae ist nach Westen ausgerichtet, hin zur untergehenden Sonne, zum Reich der Göttin der Nacht. Ich bitte Poema um Erlaubnis für ein Foto.

„Ja, selbstverständlich. Aber nur vor dem Steinwall. Der Marae ist für Frauen tabu."

In alter Zeit wurde das Leben vom Tapu bestimmt, vom Gesetz der Verbote, den Tabus, und der Gebote. Rechte hatten nur die Priester und Häuptlinge, hören wir weiter. Nur ihnen war es erlaubt, den Tempel zu betreten. Die Manahune, die einfachen, Leute wurden wie Leibeigene zur Arbeit angehalten. Diese durften jedoch Sklaven beschäftigen, die zahlreich gehalten wurden – gefangene Krieger fremder Stämme und zur Sklaverei verurteilte Gesetzesbrecher. Die Zeit muss grausam gewesen sein. Auf vielen Vergehen stand die Todesstrafe.

„Wenn ein Sklave oder ein zum Tode verurteilter Gefangener sich befreien und schwimmend über das Meer den Marae erreichen konnte", erzählt Poema, „dann war ihm seine Strafe erlassen. Er war wieder frei und konnte ungeschoren die heilige Stätte verlassen."

Beim Versteckspiel und Fangen in meiner Kindheit war das ähnlich. Wer das Mal erreichte, war frei.

Auf dem Rückweg erzählt sie noch von den ausgelassenen Feiern und Tänzen, die der Hochzeitszeremonie folgen. Die Feste dauern mehrere Tage, an denen zahlreiche Schweine geschlachtet und verzehrt werden. Sie deutet auf das Haus im Wasser hinter dem Marae.

„Dort verbringen die Vermählten die Hochzeitsnacht." In Erinnerung an ihre eigene wird ihr Blick noch sinnlicher.

Zum Abschluss betritt sie mit uns ein Haus, auf dessen Türpfosten Tatau in ungelenker Schrift geschrieben steht. An den Wänden hängen mehrere Fotografien vollständig tätowierter Männer und Frauen. Der Tätowiermeister zeigt mit Stolz auf einige kunstvolle Motive, die teilweise farbig hinterlegt wurden.

„Gab es früher auch schon farbige Tataus?"

„Nein", erklärt Poema. „Die traditionellen Tataus werden nur mit blauschwarzer Naturfarbe gearbeitet."

Eine Kokosnuss dient als Behälter der Farbe, die aus dem Ruß der Kerznuss und Kokosöl gewonnen wird. Gezähnte Knochenklingen, Stichel und Schlegel liegen bereit, mit denen die schwarze Farbe in die Haut getrieben wird. Eine sehr schmerzhafte Angelegenheit. Eine moderne elektrische Tätowiermaschine sehe ich nicht. Strom ist nicht vorhanden. Poema bittet den Tätowierer, ein Musterbuch zu zeigen.

„Sehen Sie. Die traditionellen Tataus auf diesen Blättern dürfen nur Polynesier tragen und keine Fremden." Sie zeigt auf eine Schildkröte. „In unserer Mythologie gleicht die Meeresschildkröte der Urmutter der Schöpfungsgeschichte, die zwischen uns und der geheimnisvollen Welt unseres Ursprungs vermittelt. Ihre Abbildung auf dem Körper Fremder ist tabu."

Ich sehe mir noch einige der vielfältigen Motive an, die der Tätowierer bereithält. Sonne, Mond und Sterne sind darunter, florale und geometrische Ornamente, wogende Wellen und auch fratzenhafte Gesichter. Ein Feuerrad finde ich aber nicht.

Ein glücklicher Zufall brachte uns mit Poema zusammen. Der Rundgang mit ihr glich einem Wechselspiel zwischen der Wahrnehmung der Wirklichkeit und einer Verinnerlichung der erzählten und erlebten Geschichte. Wir verabschieden uns dankbar und herzlich. Sie verstand es, einen Teil der alten Kultur Polynesiens in farbigen Worten zu veranschaulichen und eine Brücke in die Gegenwart zu schlagen. Ein bisschen fühlen wir uns jetzt den Polynesiern näher.

Am Bali Hai machen wir nochmals Halt. Hugh, hören wir, ist vor einigen Jahren verstorben. Jay und Muk unterhalten am Abend ihre Gäste. Ab und an spielt einer von beiden auf der Ukulele. Wir genehmigen uns zur Erfrischung einen ‚Muk's Special' – zerstoßenes Eis, darüber Wodka, Pampelmusensaft und Soda. Es ist erst zwei Uhr nachmittags. Wir halten uns deshalb beim Wodka zurück.

Die Exotische – Huahine

Die Bucht liegt versteckt, fast möchte ich sagen einsam. Sie ist nur mit dem Boot zu erreichen. Die Zeit plätschert dahin. Minuten und Stunden spielen keine Rolle. Der Tag beginnt, wenn die Sonne aufgeht. Steht sie im Zenit, wird ein kleiner Imbiss eingenommen. Geht sie unter, ist der Tag zu Ende. So einfach sehen das hier die Leute – zeitlos entspannt verläuft das Leben. Und die Natur offenbart ihre Musikalität. Der säuselnde Wind spielt mit den Blättern und lässt die Palmen wispern. Insekten summen. Meereswellen malen plätschernd ein Bild in den Ufersand. Ein Petrel behauptet mit schrillen Schreien die Lufthoheit über der fischreichen Lagune. Und vom Riff rollt das dumpfe Grollen der sich brechenden Wellen des immer bewegten Pazifiks herüber. Ich genieße die friedvolle Ruhe. Die Lider fallen mir zu. Entspannt schlafe ich im Schatten einer Palme ein, bis ein erneuter Schrei des Petrels mich aus meinen Träumen zurückholt. Blinzelnd, da von der Sonne geblendet, beobachte ich einen Fischer, der mit seinem Boot von den Fanggründen am Riff zurückkehrt. Ein zweites Boot kommt summend näher. Der Sohn war zur Arbeit im Dorf. Zusammen mit der Mutter bewohnen sie ein einfaches Haus unter Palmen in Sichtweite unseres Hotels. Hühner laufen herum. Rauch steigt auf. Das Herdfeuer brennt. Die Mutter legt die bereits geschuppten und ausgenommenen Fische auf den Rost. Der Vater köpft drei Kokosnüsse und bereitet das Getränk vor. Ein Leben voll wunderbarer Einfachheit, Klarheit und Poesie.

Auf die Insel Huahine verirren sich nur wenige Fremde. Wer kommt, kommt gezielt, um das Ursprüngliche zu suchen. Das Städtchen Fare in der Nähe des Flughafens strahlt Gelassenheit aus. Eine Hand voll Geschäfte, ein paar Wohnhäuser, eine Kirche, das Büro der örtlichen Reiseagentur, eine Werkstatt für Autos und Motorräder, ein Lagerschuppen, ein Bootsanleger mit einem Kran und einige plaudernde Menschen unter einem Mape, dem einheimischen Kastanienbaum – das war's.

Ein Motorboot holte uns ab. Der Steuermann war ein kräftiger Kerl. Am Hals trug er eine Kette mit Eberzähnen. Die Überfahrt dauerte fünfunddreißig Minuten, so lange wie der Flug von Moorea herüber. Schon von weitem hörten wir den Klang der großen Muschel, auf der zum Empfang ein traditionelles Signal geblasen wurde. Zwei Polynesierinnen begrüßten uns im Te Tiare Beach Resort mit einem heiteren Lächeln und einem warmen „Ia ora na!" Wir verliebten uns auf Anhieb in diese abgelegene und verträumte Idylle.

Mittags sitzen wir in der Cafeteria am Strand. Parai sorgt sich liebevoll um unser Wohl. Den rotgeblümten Pareu hat sie im Nacken festgezurrt. Ihr mit einem Band gehaltenes, langes Haar fällt weit über die nackten Schultern hinab. Sie empfiehlt rohen Thunfisch und dazu ein Glas Chardonnay aus Neuseeland.

Ob es bei uns zu Hause jetzt kalt ist, will sie etwas später wissen. Ich verneine und erzähle ihr vom bunten Frühling, dem bald der Sommer mit der Ernte folgt.

„Im Herbst färben sich die Blätter gelb und rot und braun, bevor sie fallen", fahre ich fort. Die Worte leaf und leaves sind ihr fremd. Ich breche den Ast eines Baumes, pflücke die Blätter und lasse sie fallen.

„Wenn der Winter kommt, sind die Bäume kahl und leer."

Ungläubig schaut sie mich mit aufgerissenen Augen an. „Das ist aber sehr traurig."

„Ja und nein. Denn, wenn der Schnee fällt, sind alle Bäume weiß wie Zucker. Die Landschaft gleicht einem Märchen."

„Das kenne ich nur vom Fernsehen", meint sie und läuft zu einem nahen, buschigen Strauch. Sie kommt mit zwei weißen Blüten in der Hand zurück. Offenbar will sie sich bedanken und revanchieren, wie es der Art der Einheimischen entspricht.

„Dies ist eine Tiare. Sie wächst und blüht nur auf Tahiti, Huahine und den nahen Inseln." Eine reicht sie Irene, die andere steckt sie sich ins Haar und geht wieder ihrer Arbeit nach. Alles geschieht bei ihr bedächtig. Sie bewegt sich anmutig. Die Bewegungen ihrer

Hände sind elegant, ihre Schritte langsam. Eile kennt sie nicht. Stress ist unbekannt. Ihr sanftes Lächeln spricht Bände.

Der kräftig süße Duft der Tiare-Blüten ist betörend. Sie werden ganzjährig gepflückt, in der Sonne getrocknet und, nach einem geheimnisvollen alten Rezept, in das Öl der Kokosnüsse gelegt. Mit dem parfümierten Öl, das die Polynesierinnen Monoi nennen, übertönen sie den ihnen eigenen strengen Körpergeruch, den ich bereits bei Poema auf Moorea bemerkte.

Nichts ist in der Natur endgültig. Auch bei einem Maler ist das Bild nicht von vornherein in allen Feinheiten ausgedacht und festgelegt. Seine Gedanken und sein Gemütszustand schlagen sich in Veränderungen nieder. Mit dem Stand von Sonne und Wolken schärfen oder verwischen sich die Konturen der Te Tiare Bucht. Die Farben des Wassers und der Bäume wechseln ihre Leuchtkraft. Wind ist aufgekommen. Der Passat drehte auf Nordost und treibt jetzt dunkle Wolken über die Berge zu uns herüber. Starker Regen setzt ein. Ich genieße das Prasseln der großen, warmen Tropfen auf meinem Körper. Irene hatte sich bereits zurückgezogen. Ich folge ihr nach einer Weile in den Bungalow.

Das Unwetter ist rasch vorüber. Der Wind ebbt ab. Stille kehrt ein. Die große Wolke treibt westwärts aufs offene Meer. Ich schwimme nochmals hinaus zum Ponton, der als Ruheplatz beim Tauchen und Schnorcheln dient. Die meisten Fische tummeln sich an der Abbruchkante der Korallenbank ganz in der Nähe. Der Petrel hebt nervös vom Ponton ab, auf dem er sich nach seinen Beutezügen niederlässt. Ich beachte ihn nicht. Plötzlich schlagen Flügel um meinen Kopf. Ich sehe auf. Im Sturzflug setzt der Petrel von hinten bereits zu einer neuen Attacke an. Er schlägt nicht mit dem Schnabel zu. Er will mich erschrecken und verscheuchen. Ich bespritze ihn mit Wasser, bis er abdreht und auf den Ponton zurückkehrt. Ein gestörter Einzelgänger, der nicht nur Schwimmer, sondern auch Artgenossen jagt, die in sein Revier eindringen.

Auf der Terrasse unseres Bungalows warten wir auf den Sonnenuntergang. Die Inseln Raiatea und Tahaa liegen vor uns am Horizont im Westen. Sie sind den Polynesiern so heilig wie Huahine selbst. Denn von hier aus starteten sie ihre zweite große Besiedelungswelle des weiten Ozeans, den sie schlicht Te Miti nannten. Samoa und Tonga erreichten sie, aus der Urheimat im Westen kommend, bereits 1000 v. Chr. Etwa 300 n. Chr. drangen sie weiter zu den Marquesas vor; von dort in den drei darauf folgenden Jahrhunderten in kleineren Gruppen zuerst bis zur Osterinsel, dann nach Hawaii und schließlich zu den Gesellschaftsinseln – eine der großartigsten Leistungen der Seefahrt, wenn man bedenkt, wie einfach ihre besegelten Doppelrumpfkanus gebaut und wie unendlich weit die zu überwindenden Entfernungen waren. Einige hundert Jahre später brachen sie erneut auf, dieses Mal von Huahine und Raiatea. In größeren Verbänden erreichten sie im Süden Neuseeland und im Norden wieder Hawaii, das sie endgültig bevölkerten.

Sonnenuntergang auf Huahine

Die schwarze Wolke schwebt inzwischen wie ein schmales Band über Tahaa. Die Sonne schiebt sich goldgelb dazwischen und glitzert über das Wasser zu uns herüber. Ich liebe die Farbenpracht der Sonnenuntergänge wie Irene das knallende Bersten der Feuerwerkskörper am nächtlichen Himmel. Bei ihr mag es das bewahrte kindliche Gemüt sein. Bei mir schwillt die Ader eines hoffnungslosen Romantikers. Vielleicht bin ich auch ein Spinner, der selbst auf der fünften Reise nach Hawaii noch Neues zu entdecken vermag. Die Sehnsucht nach der Ferne treibt mich – und nach immer neuen Sonnenuntergängen, von denen im Pazifik, sei es in Hawaii oder auf den Gesellschaftsinseln, keiner dem anderen gleicht.

Wir hören Musik. Ein Trio trägt im Restaurant heute Abend folkloristische Lieder vor, die von einer Ukulele untermalt werden. Alte, traditionelle Stücke kämen nicht so gut an, sagt man mir. Trotzdem spielen sie eines auf meinen Wunsch. Ich versuche Parallelen zur Musik von Hawaii herauszuhören, was aber nicht gelingt.

Lange bleiben die Gäste nicht im Restaurant. Einer nach dem anderen zieht sich zurück. Unter der Bootsanlegestelle und dem auf Stelzen vorgebauten Hauptgebäude tummeln sich im Licht der Scheinwerfer zahlreiche Fische der Lagune. Ein Manta gesellt sich hinzu. Spielerisch tanzt er in kreisenden Bewegungen inmitten des Schwarms. Er scheint Freude daran zu haben und noch mehr, wenn er einen Looping schlägt und die Fische erschrocken auseinanderstieben.

Ein Mittfünfziger gesellt sich zu uns. Im Atoll von Rangiroa habe er noch viel größere beobachtet. Riesenmantas.

Ob er sich in Polynesien auskennt, will ich von ihm wissen.

„Oh ja. Ich fuhr sieben Jahre mit einem Segelschiff kreuz und quer durch die Inselwelt von Polynesien und Melanesien. Hier ist meine zweite Heimat.“

„Eine interessante Zeit für Sie!?“, sage ich feststellend und fragend zugleich.

„Anstrengend und hart. Nicht so sehr die Arbeit. Aber immer nur auf dem Schiff. Bei Wind, bei Flaute, bei Sonne und Regen und bei Sturm. Zweimal erlebte ich einen Zyklon. Einmal an Land. Einmal auf See. Ich wünsche das niemandem.“ Nach einer Weile ergänzt er: „Das war die Hölle. Nur nicht so heiß.“

Er ist sehr redselig. „Ich bin Amerikaner. Ich heiße Tim. Meine Frau stammt aus Quebec." Eine Blondine. Etwas schüchtern, wie mir auffällt. „Wir leben in Kalifornien und sind hier auf Hochzeitsreise. Ich will meiner Frau zeigen, wo ich mein erstes Leben führte."

Von mir will er nichts wissen. Irene beachtet er nicht. Gut so. Wir verabschieden uns.

Absolute Windstille ist eingetreten. Wir bemerken es auf dem Weg durch den nach Tiare duftenden Garten zum Bungalow. Jetzt kann ich die Bezeichnung Inseln unter dem Wind oder Inseln auf der Leeseite nachvollziehen. Huahine gehört dazu. Ein großartiger Sternenhimmel wölbt sich darüber. Einer leuchtet besonders auffällig. Es könnte der Sirius sein, der hellste in diesen Breiten zu sehende Stern. Wir suchen am Rande der Milchstraße das Kreuz des Südens – ein Sinnbild des Fernen, des Traumhaften unserer Erde. Im Altertum war vom Mittelmeer aus ein Teil des südlichen Sternenhimmels sichtbar, der durch die kreisförmig schlingernde Bewegung der Erdachse, der so genannten Präzession, über die Jahrhunderte den Blicken im Norden entschwand. Die Griechen brachten eines der Sternbilder mit der Sagengestalt des Kentaur in Verbindung. Am südlichen Ende dieses Zeichens bilden vier auffällige Sterne ein Kreuz, dessen Längsachse zum Südpol weist. Wir finden es und wandern fasziniert mit den Augen bis zum südlichen Horizont.

Dieses Sternbild und andere waren den Völkern Ozeaniens bereits bekannt, bevor die Europäer kamen. Sie orientierten sich bei ihren Fahrten an Wind und Wetter, der Dünung, den langen und kurzen Wellen darüber, der Sonne und den Sternen. Sie fertigten Seekarten aus den Rippen der Palmblätter, die am Zenit der Sonne im Norden ausgerichtet waren und wie großlöcherige Siebe aussahen. Lange Rippen stellten die Dünungen dar, mittlere die Strömungen, kurze die von Küsten zurückgeworfenen Wellen und Muscheln die ihnen bekannten Inseln. Keiner weiß zu sagen, wie viele Fahrten ins Leere stießen, wie viele Seefahrer keine fremden

Gestade erreichten, nicht zurückkamen und im weiten Pazifik untergingen.

Von der geschützten Lagune Fauna Nui im Norden Huahines aus stachen die Wagemutigen den Erzählungen nach in See. Bauarbeiter stießen dort auf die Reste eines seetüchtigen Bootes aus der Zeit um 800 n. Chr. Das macht die Legende zur Geschichte. Nahe beim Pass durch das Riff zum offenen Meer erinnern noch heute die großen Maraes an die Opferungen, die von den Seefahrern vor dem Aufbruch dargebracht wurden. Dann hatten sie nur noch eines im Sinn: Neues Land dort zu entdecken, wo die Sonne aufgeht, wo die Welt beginnt und der Sonnengott Ra seine Heimat hat.

Die Nacht ist dunkel, das Wasser der Lagune glatt. Der Wind ruht schon lange. Die uns umgebende Stille ist unheimlich. Nichts zu hören sind wir nicht mehr gewohnt. Unruhig liege ich in meinem Bett. Ich kann nicht einschlafen – möglicherweise noch immer eine Auswirkung des Jetlags oder eine mir sonst fremde Wetterfühligkeit? Ich muss an den Besuch eines Tonstudios vor vielen Jahren denken. Die Dämmung war so stark, dass Schallwellen restlos verschluckt wurden. Die fehlende akustische Orientierung in einem Raum wirkt unangenehm. Längere Lautlosigkeit kann Angstzustände auslösen. Wenig Geräusch beruhigt. Man sucht die Stille, um sich in ein Gebet zu vertiefen oder in die eigene Gedankenwelt zu versinken und zu meditieren. Kein Geräusch beunruhigt dagegen. Angespannt lausche ich immer wieder in die Nacht. Vergeblich. Von Halluzinationen bleibe ich verschont. Ich höre weder einen sprechen, noch nehme ich trügerische Objekte wahr. Irgendwann lande ich doch noch im Reich der Träume.

Drei Tage verbringen wir auf Huahine. Die Natur spielt die Hauptrolle in dieser Robinsonade. Wir erfreuen uns immer wieder am Zauber der Bilder ringsum, an der schönen Landschaft, am Spiegelbild der bewaldeten Berge im Wasser, den dahin ziehenden Schönwetterwölkchen und der türkisblauen Farbenpracht der Lagune. Weit kommen wir nicht. Der Regenwald am Berghang im Hintergrund erweist sich als undurchdringlich. Nördlich versperrt ein Flussbett vor dem Haus des Fischers den Weg und südlich endet der Strand nach einigen hundert Metern an einer schroffen Felsklippe. Dafür ist das Reich der Fische umso weitläufiger. Beim Schnorcheln achte ich jetzt auch auf den Petrel und bespritze ihn bereits beim ersten Anflug. Das Handy geht nicht. Das Internet für Gäste lasse ich Internet sein. Warum sollte mich das Alltägliche interessieren, das draußen in der Welt geschieht? Auch meine Mail-Box lässt mich kalt. Träume vom einfachen Leben werden wach. Aber zum Aussteigen bin ich nicht geboren – für ein paar Tage ja, aber noch nicht einmal einen Sommer lang.

Parai und die anderen kümmern sich reizend um uns. Einmal sind wir mittags die einzigen Gäste. „Ich habe Ihnen Ihren Lieblingsplatz freigehalten." Sie lächelt. Ich weiß nicht, ob sie die Bemerkung ernst oder scherzhaft gemeint hat. Sie ist, was ihren Beruf angeht, perfekt.

„Unser Trainer kommt aus Ihrer Heimat", verrät sie ungefragt. „Eine Frau." Erstaunen unsererseits.

An unserem letzten Abend wird eine polynesische Show nach dem Essen aufgeführt. Einige Tische werden zusammengeschoben. Der freie Platz dient als Bühne. Parai tritt als Tänzerin auf; auch die beiden besonders hübschen Bedienungen von der Bar und vom Restaurant sehe ich unter den Darstellern. Der Bademeister, der Bootsführer und einer der Köche schlagen die Trommeln. Die Rasselgamaschen aus Muscheln und Hundezähnen an ihren Fesseln klingen besonders exotisch. Das dritte Hotel, die dritte Show, aber die ursprünglichste, die einzig mitreißende und schönste. Da alle Vahine des Hauses als Tänzerinnen mitmachen, übernimmt der Mahu des Te Tiare den Getränkeservice. Tänzelnd bewegt er sich durch die Tischreihen. Am liebsten würde er auch mit den anderen auftreten. Aber seine Hilfe wird von den Gästen gebraucht.

Der Abschied von Huahine fällt schwer. Ich mache ein Foto von Parai und einer ihrer Helferinnen. Sie stecken sich zuvor noch eine Blüte des Te Tiare ins Haar. Ich verspreche, nach der Rückkehr einen Abzug zu schicken. Natürlich löste ich diese Zusage ein.

Am Flughafen drängeln sich Kinder. Alle sind grün-weiß angezogen; die Mädchen mit Blusen und Röcken, die Jungen mit Hemden und kurzen Hosen.

„Eine Tanzgruppe?", frage ich eine der Begleitpersonen.

„Nein. Wir fliegen nach Papeete zum Singen. Wir treten im Centre Vaima auf."

„Dann darf ich Ihnen gutes Gelingen wünschen!"

Die Fröhlichkeit der Kinder ist ansteckend. Um ihre Natürlichkeit beneide ich sie. Die Menschen von Huahine und die ursprüngliche wie wilde Schönheit des Atolls werde ich bestimmt vermissen.

Das mythische Havai'i – Raiatea

Die vierte Insel auf unserer Reise durch die Südsee atmet mehr Geschichte als alle anderen. Ihre unergründliche Urheimat im fernen südostasiatischen Westen, aus der sie vermutlich vor weit mehr als dreitausend Jahren aufbrachen, nannten die Polynesier Havai'i. Diesen Namen gaben sie einst auch jener Insel, die heute Raiatea heißt. Hier war das Machtzentrum der obersten Ari'i und der religiöse Mittelpunkt der Priesterklasse des alten Polynesien, die dem Kriegsgott Oro opferte und zur Ehre der Ahnen Ti'is schuf.

Forscher sind der Meinung, dass die Polynesier zuerst auf den Marquesas eintrafen. Die ältesten Spuren wurden auf Nuku Hiva gefunden. Doch keine der vierzehn Inseln dieses Archipels heißt Havai'i. Das lässt vermuten, dass die Inseln über und unter dem Wind zuerst entdeckt, zumindest aber umfangreich besiedelt wurden. Von hier, vom heiligen Havai'i und von Huahine, gingen dann die weiteren Entdeckungsfahrten im großen Stil aus. Auf einer unendlich langen Nordfahrt machten sie am Wendekreis der Sonne eine Inselgruppe aus. Sie landeten in einem geschützten und fruchtbaren Tal auf der größten Insel, der sie ebenfalls den Namen Havai'i gaben, dem heutigen Big Island. In der Laut- und Sprachverschiebung der polynesischen Hawaiianer wurde Havai'i zu Hawaiki (heute amerikanisch Hawaii), Ari'i zu Ali'i, Ti'i zu Tiki und an die Stelle des Kriegsgottes Oro trat Lono, der Gott des Friedens und des Lichts.

Vermutlich wird die zeitliche Abfolge des Aufbruchs nach neuen, fruchtbaren Inseln nie ganz geklärt werden können. Fest steht jedoch, dass die Marquesas und die Osterinsel noch vor Hawaii und zuletzt Neuseeland durch die Polynesier besiedelt wurden.

Die Turboprop landet am nördlichsten Küstenstreifen von Raiatea, in Sichtweite zur nur drei Kilometer entfernten Schwesterinsel Tahaa. Ein weißes Band umgibt die beiden Eilande – das vom Pazifik überspülte Barriereriff.

Das betriebsame Uturoa ist der Verwaltungssitz der Inseln unter dem Wind. Bürogebäude, ein Supermarkt, eine Bank, die Post und ein paar kleinere Geschäfte säumen die Hauptstraße, auf der sich gemächliches Alltagsleben abspielt. Segelyachten und Katamarane ankern im Hafen. Eine Polynesierin bringt uns mit ihrem Wagen zum Hotel, dem in Anlehnung an die Alte Zeit der Name Hawaiki Nui gegeben wurde.

Erstarrte Lavaklippen und ein überspültes Korallenriff bilden die Küste. Es ragt gut fünfzig Meter hinaus ins Meer, bevor es steil abfällt. Unser Bungalow mit einer vorgebauten Terrasse steht auf Pfählen, zwischen denen sich die Wellen brechen. Der Passat weht aus Nordost. Ich grüble darüber nach, weshalb die Engländer die Gruppe Leeward und nicht auch Windward Islands nannten, denn sehr zu meiner Freude weht hier, wie bereits auf Huahine, stets eine angenehme Brise. Sie frischt kräftig auf, wenn am frühen A-bend die Sonne hinter den Bergen versinkt. Die großen Wellen des Pazifiks schlagen dann donnernd gegen das weit draußen vorgelagerte Riff. Das aus der Ferne herangetragene Geräusch klingt, als würden Eisenbahnen große Brücken überqueren. Der Wind treibt die Wellen weiter bis zur Küste, bis sie sich in einem vierundzwanzigstündigen, ununterbrochenen, lauten Rauschen am inneren Riff unter den Bungalows auflösen. Ich vermisse die nächtliche Ruhe der Te Tiare-Bucht. Die Fenstertüren halten wir weit offen, damit der Wind uns Kühlung bringt. Denn, eine Klimaanlage gibt es nicht. So begleitet das Rauschen die Nacht. Halb schlafend, halb wachend döse ich dahin. Ich verfolge den Pegel der Veränderungen. Die anschwellende Flut wirkt dämpfend, was mich in einen tiefen Schlaf sinken lässt.

Das Krächzen umher fliegender Petrels signalisiert den Anbruch der Morgendämmerung. Eine ganze Schar behauptet ihren Platz auf der Bootsanlegestelle in unmittelbarer Nachbarschaft. Sie starten zur Nahrungssuche, tauchen ein und kehren mal mit und mal ohne Beute zurück.

Am nordöstlichen Horizont ist Huahine zu sehen. Ein Regenguss entlädt sich gerade darüber. Er schenkt dem prächtigen Grün der Insel weiteres Leben. Auch über den Bergen hinter dem Hawaiki Nui führt der aufstehende Wind zur Bildung von Wolken. Sie lösen sich jedoch auf der Leeseite wieder auf. Das schöne Wetter bleibt erhalten.

Ich genieße, ans Geländer der Terrasse gelehnt, noch einige Minuten die leicht kühle Luft des Morgens. Das Meer färbt sich gelb vor meinen Augen. Ein riesiger Schwarm kleiner Fische zieht vorbei. Einige tausend mögen es sein, in deren Mitte ein Trompetenfisch Schutz sucht und mitschwimmt. Inzwischen ist es neun Uhr geworden – längst Zeit zum Aufbruch.

Erloschene Vulkane bilden das Rückgrat von Raiatea. Der Höchste Berg erreicht mehr als 1.000 m. In den Tälern und auf der breiten Ebene vor der Küste betreiben die Maohi eine intensive Landwirtschaft. Ich steuere den gecharterten Fiat Panda auf der reizvollen Uferstraße Richtung Süden. Wir huschen an kleinen Häuschen mit reich bepflanzten Gärten vorbei. Vereinzelt stehen in der Lagune polynesische Pfahlbauten. Die schwarzen Perlen werden dort gezüchtet. Niemand ist zu sehen. Heute ist Sonntag. Alle sind in der Kirche am Strand bei Avera. Im Vorhof halten die Gläubigen nach dem Gottesdienst ein Plauderstündchen. Die Weiblichkeit hat sich besonders hübsch gemacht. Die Frauen tragen grellfarbene Hüte, die Mädchen Blütenkränze im Haar. Neugierig halten wir kurz an, um gleich darauf die Fahrt fortzusetzen. Es gilt noch ein paar Kurven, eine tief in den Berg geschnittene Bucht und den verschlafene Ort Opoa zu passieren. Dann sind wir am östlichsten Punkt der Insel mit den alten heiligen Stätten von Taputapuatea.

Die Landzunge reicht weit in die Lagune hinein. Kasuarinen, Brotfruchtbäume, Palmen und Mape werfen ihre Schatten. Eine majestätische Ruhe liegt über dem Gelände. Ich betrete die erste ummauerte und mit Steinen bedeckte Plattform, den Marae Tauraa. Meine Augen versuchen den geheimnisvollen Ort einzufangen. Mit einer Hand stütze ich mich gegen den riesigen Megalithen, der zu Ehren der Ari'i aufgestellt wurde. Ein Hochgefühl wie nach einem Gipfelsturm stellt sich ein. Ich bin im Herzen Polynesiens angelangt, ich stehe im einstigen religiösen Zentrum des Alten Havai'is.

Hier wurde Recht gesprochen. Hier erklärten die Herrschenden ihren Feinden den Krieg. Hier opferten die Priester Menschen, um den Beistand der Götter zu gewinnen. Und hier, vor diesem Stein, wurden die Häuptlinge und Oberhäuptlinge, die man Könige nennen könnte, gekrönt. Zur Ehre dieser Ari'i sollen unter dem Megalithen vier tapfere Krieger bei lebendigem Leibe begraben worden sein. Man ging davon aus, dass die Mana genannten Kräfte und der Mut dieser Männer durch das Opfer auf die Gekrönten übergehen und die Seelen der Krieger den heiligen Stein bewachen würden – eine magische Vorstellung.

Krönungsplatz auf dem Marae Tauraa

Viele ,Zeitzeugen' der Entdeckungsfahrten stellten Vermutungen oder gar Behauptungen darüber auf, dass Geopferte oder im Krieg Getötete auch verspeist wurden. Keiner war offensichtlich Augenzeuge, keiner lieferte vertrauenswürdige Beweise. Selbst James

Cook wagt sich an dieses Thema nur mit vorsichtiger Formulierung heran. „Wir haben Grund zur Annahme, dass sie zu einer Zeit Kannibalen waren." So ein Zitat aus dem Logbuch des englischen Kapitäns. Auch der Kupferstich mit der Darstellung eines Menschenopfers im Beisein Cooks, den wir vor einigen Tagen im Museum von Tahiti sahen, lässt einen Rückschluss auf einen praktizierten Kannibalismus nicht zu. Die Schautafeln enthalten lediglich Berichte von rituellen Kultopfern und einem symbolischen Verzehr von Organen, wie Herz, Hirn und Augen.

Ich gehe hinüber zur größten der drei Plattformen, zum eigentlichen Marae Taputapuatea. Der Tempel wurde, wie alle, nach strengen Regeln gebaut. Rechteckig angeordnete, steinerne Mauern umgeben den Ahu, den Altar. Große Felsblöcke symbolisieren die Ahnen und die Götter. Einige dienten den Priestern und Ari'i als Sitzplatz oder als Rückenstütze bei den stundenlangen Zeremonien. Die Stätte schmückten einst Skulpturen und Zeremonienstäbe aus Holz und Stein, die längst verwitterten oder in völkerkundlichen Museen der Welt landeten. Im seitlichen Haus der Priester und Tempelwächter bewahrte man die heiligen Insignien in Tapabündeln und Schatullen auf und die Toten wurden, von den Eingeweiden befreit, auf erhöhten und überdachten Gerüsten monatelang der Natur ausgesetzt. Die Lebenden waren in ihrem Fortbestehen und Wohlergehen von den Ahnen abhängig, die schlicht als Monolithen oder Ti'is dargestellt wurden, die die Lebenskraft der Verstorbenen binden konnten. Während der Initiation der Jungen in die Gemeinschaft der Männer wurden auch sie in die Welt der Ahnen und die Geheimnisse des urzeitlichen Geschehens eingeführt. Ta'aroa verehrte man als Schöpfergott des Uranfangs, wie die Legende erzählt. Er erschuf die Sonne, den Mond, die Sterne, die Erde und die ersten Menschen. Sein Sohn Oro galt als Kriegsgott und Weltenherrscher. Ihm wurden Menschen geopfert.

Für Frauen waren und sind die heiligen Stätten tabu. Poema wies im polynesischen Dorf bereits darauf hin. Das war bei den Germanen nicht anders. Frauen besaßen weder Sitz noch Stimme im

Thing, auch Ding genannt, der Volksversammlung. Gesetzesbrecher wurden dingfest gemacht. Auf dem Mal, dem Versammlungsplatz, konnten Verbrecher aber auch ‚frei' gesprochen werden. Auch darauf wies Poema bereits hin. Die Stätten der Germanen waren allerdings kreisförmig angelegt. Mächtige Steine markierten das Mal. Sie waren Begrenzung und Sitzplatz der Stammesführer zugleich – was für interessante Parallelen!

Die doppelte Verwendung des Wortes Tabu im Namen des Marae Taputapuatea weist auf die besondere Bedeutung dieser Anlage hin. Hier versammelten sich nicht nur die Häuptlinge von Raiatea, also aus dem alten Havai'i. Hier, auf dem obersten aller Tabuplätze, trafen die Ari'i des gesamten Archipels zusammen. Sie kamen auch von Huahine, Bora Bora, Tahiti, Moorea und den kleineren Inseln herüber. Noch heute wird im Juli das Heiva Nui, das Große Fest, begangen und alle drei Jahre treffen Abordnungen sogar aus dem fernen Hawaii, von den Marquesas und aus Neuseeland ein.

Die dritte heilige Stätte, der Marae Hauviri, befindet sich direkt an der Spitze der Landzunge, am alleröstlichsten Punkt der Insel. Ich wate ein Stück ins Wasser, um die überdimensionalen Steinplatten und Megalithen von der Lagune aus einsehen zu können, die den Ahu begrenzen und die aufgehende Sonne grüßen. Genau gegenüber öffnet der Pass Te Ava Moa den Weg durch das Riff in die unendliche Weite des Ozeans.

Der Lebensraum der Polynesier auf den schmalen Küstenstreifen ihrer Inseln war begrenzt. Katastrophale Stürme und Trockenperioden beeinträchtigten immer wieder die Nahrungsversorgung und führten zu Perioden des Hungers. Die Bevölkerung nahm rasant zu. Verhütung war unbekannt. Heranwachsende Mädchen mussten ihre Fruchtbarkeit unter Beweis stellen und erst einmal Kinder auf die Welt bringen, bevor sie verheiratet wurden. Das war nicht zuletzt ein Grund für die großzügig praktizierte freie Liebe, von der die Seefahrer der Entdeckungszeit, angefangen vom einfachen Matrosen bis zu den Offizieren, so überreich schwärmten.

Neue Inseln wurden in Richtung zur aufgehenden Sonne des Gottes Tama Nui te Ra vermutet, der Leben spendet, dessen Kräfte weiteren Lebensraum auf weiteren Inseln erwarten lassen. Wie viele Fahrten endeten aber im Nichts, in der Unendlichkeit eines unermesslichen Ozeans? Von ihrer Urheimat kommend, segelten die Polynesier immer weiter nach Osten, von Insel zu Insel, immer näher an den für sie unergründlichen Wohnsitz ihres Gottes Ra heran. Doch östlich von Havai'i, Huahine, Tahiti und den kleinen Tuamotu-Atollen gibt es keine weiteren Inseln. Das konnten sie nicht wissen. Erst in 8.000 km taucht die Küste eines Kontinents, Südamerikas, auf – eine nicht zu überwindende Entfernung. Die Entdeckung der einsamen und einzigen Insel Rapa Nui, später Osterinsel genannt, muss Zufall gewesen sein.

Startete der sagenumwobene und als Gott des weiten Ozeans verehrte Seefahrer Hiro von hier aus? Vor einigen Tagen entdeckte ich im regnerischen Garten des Gauguin-Museums zwei monumentale Ti'is. Sie kauern dort unter Palmen, die Arme auf den fülligen Leib gelegt, und starren mit weit aufgerissenen Augen in die geheimnisvolle und unergründliche polynesische Welt. Ein Mann und eine Frau. Der Künstler arbeitete die Merkmale deutlich heraus. Der Schrifttafel konnte ich entnehmen, dass die tonnenschweren Figuren aus Rurutu stammen. Nahmen die nach neuen Inseln Suchenden die Südroute über die Austral-Inseln als Zwischenstationen, zu denen auch Rapa (iti) zählt, Kleinrapa? Von dort sind es ,nur' noch 3.500 km nach Rapa Nui, nach Großrapa, der Osterinsel. Die Osterinsulaner benutzten hölzerne Tafeln, auf denen sie Gesänge und Riten festhielten. Sie kerbten eine Art Bilderschrift ein, der man den Namen Rongorongo gab. Hiro, (H)avai'i und Huahine gehören zu den entzifferten Zeichen. Lässt dies den Schluss zu, dass auch die Polynesier der Ausgangsinseln bereits ,schriftkundig' waren?

Viele Fragen werden wahrscheinlich für immer unbeantwortet bleiben. Dennoch ist zu vermuten, dass der Ratschluss der Priester und Ari'i und die Anrufung der Götter hier auf diesem Marae Hauviri zu der Entscheidung geführt haben, nicht nur nach Osten, sondern auch zum Sirius und dem nördlichen Wendekreis der Sonne vorzustoßen und ferner unter Orientierung am Kreuz des Südens über den südlichen Wendekreis der Sonne hinauszusegeln. So konnten Hawaii und Neuseeland entdeckt werden.

Wir verlassen den alten Kultplatz und folgen der Küstenstraße weiter Richtung Süden. An einer Vanillefarm legen wir einen Halt ein. Die wohl duftenden Gewürzschoten mit ihrem süßlichen A-roma, das die Augen der Kleinen wie der Großen glänzen lässt, wachsen an den Lianen einer kletternden Orchideenpflanze. Um fruchtbar zu werden, müssen diese von Hand bestäubt werden, wird erklärt. Mein nachdenkliches Stirnrunzeln hält lange an.

In der Broschüre des Fremdenverkehrsbüros fand ich eine Landkarte, die im Süden Raiateas bei der Faarahi Bay einen weite-ren Marae ankündigt, in dessen Nähe die Petroglyphen von Faera-tai entdeckt wurden. Zweimal fahre ich diese und die Nachbarbuchten ab. Doch einen Hinweis auf diese Zeugen der Vergangenheit finde ich nicht. Und die Einheimischen, die ich anspreche, können weder mit der Bezeichnung Faeratai noch mit dem Wort Petroglyphen etwas anfangen. So fahre ich enttäuscht weiter bis nach Puohine, um beim Kilometer 50 die Rückfahrt über die Bergstraße im Landesinneren anzutreten. Sonnenschein und Regen wechseln in rascher Folge. Dichte Wälder, Wasserfälle, herrliche Ausblicke und nicht zuletzt die duftenden Blüten der Te Tiare und der weißen Plumeria, die auch Frangipani genannt wer-den, erfreuen uns.

Zurück beim Autoverleiher frage ich den jungen Mann, auf die Karte deutend, ob er denn die Petroglyphen, die Steinzeichnungen von Faeratai kennen würde. Sein lautes „Nein" und sein geringschätziges Lächeln sprechen Bände.

„Dafür interessieren sich doch nur die Fremden. Ein Führer könnte Ihnen vielleicht helfen."

Das war's. Die Kultur der polynesischen Vorfahren ist nicht nur ihm, sondern auch den meisten anderen Maohis gleichgültig. Nur am sonntäglichen Garen eines Schweins im Imo, im Erdofen, halten sie fest. Gebratene Bananen essen sie dazu; und Brei aus der Tarowurzel, den die Mama anrührt und mitkocht. Es sei denn, Pommes frites stehen auf dem Speisenplan. Dann trocknet der Taro unangetastet vor sich hin.

Vom Kava, dem einzigen berauschenden und, im Übermaß genossen, betäubenden Getränk der Insulaner, das aus den Früchten des heimischen Pfefferstrauches gegoren wurde, sind sie abgekommen. Sie greifen zum Hinano, dem Bier aus Papeete, das sie nach meiner Beobachtung maßvoll genießen.

Die Schöne – Bora Bora

Der Romancier James Michener soll als Erster Bora Bora ‚Die schönste Insel der Welt' genannt haben. Andere sprechen vom ‚Juwel der Südsee'. Auf jeden Fall eilt ihr der Ruhm voraus, sie sei der Inbegriff eines paradiesischen Traums. Allen Superlativen zum Trotz kann ich die Umrisse der beiden Vulkangebirge Mt. Otemanu und Mt. Pahia nur schemenhaft erkennen. Dichter Regen fällt, während die Turbopropmaschine weit draußen auf dem nördlichsten Motu landet. Bis wir aussteigen ist der Spuk vorüber. Im Nu bringt die aus den Wolken hervorbrechende Sonne die durchnässte Insel zum Dampfen. Ein Hüne steuert das Motorboot, das uns zum Marara Resort am Strand von Matira bringt, der letzten Station dieser Reise. Der Himmel klart wieder auf, die Wolken verfliegen und die Lagune schimmert in allen Farbnuancen zwischen zartem Türkis und dunklem Blau. Dahinter leuchtet die grüne Palette des Regenwaldes und der Palmen am Ufer.

Der unwiderstehliche Reiz Bora Boras liegt in der die Insel umgebenden Lagune. Motus, von Palmen bestandene, kleine, flache Inselchen, umringen das Eiland wie eine Perlenkette und erst dahinter schützt das Barriereriff vor der Wucht der Brandung. Nur eine einzige befahrbare Passage führt hindurch. Das kristallklare und warme Wasser durchziehen bizarre Felsgebilde und bunte Korallenbänke, die den zahlreichen Fischen Lebensraum und Deckung bieten. ‚Neu geboren' bedeutet Bora Bora auf Polynesisch. Und so fühlen sich viele der Besucher nach einigen Tagen des Aufenthalts. Nicht nur der Körper, auch der Geist und die Seele finden Erholung im Garten Eden der Südsee.

Nach den lästigen Formalitäten des Empfangs empfiehlt Claudine mit all ihrem Charme, unbedingt an einer Inselumrundung mit einem Outriggerboot teilzunehmen. ‚Shark and ray feeding' versprechen den ultimativen Kick, meint sie. Die Französin aus Cannes besuchte die Hotelfachschule in Bad Wörishofen und versucht, mit einigen deutschen Worten Punkte zu sammeln. Ich buche und will wissen, ob sie für immer hierher gezogen ist.

„Nein, nein." Sie scheint erstaunt über meine Frage zu sein. „Mein Vertrag läuft sechs Monate. Es ist sehr schön hier. Aber ich freue mich jetzt schon auf die Rückkehr nach Cannes und Paris." Sie wirkt nachdenklich, als sie ergänzt: „Auch im Paradies ist es angenehmer, Urlaub zu machen, als täglich acht bis zehn Stunden zu arbeiten!"

In der offenen Halle des Hotels hängen großformatige Bilder. Das markige Gesicht Trevor Howards blickt mir entschlossen entgegen. Mia Farrow macht einen geradezu traurigen Eindruck. Der übertrieben geschminkte Schmollmund passt nicht zu ihrem Typ. Neben der Widmung und der Signatur der Bilder lese ich die Jahreszahl 1978. Vor fast dreißig Jahren drehte Dino de Laurentiis auf dem Gelände des Hotels den Film The Hurricane. Der Streifen geriet in Vergessenheit. Die schnulzige Liebesgeschichte wollte mit dem Inferno der Naturgewalten nicht zusammenpassen.

Moana ist das Mädchen für alles in der Bar und Cafeteria am Pool. Mit dem sanften Blick ihrer dunkelbraunen Kulleraugen und ihrer Anmut übertrifft sie die exotische Ausstrahlung aller Frauen, die mir auf dieser Reise begegneten. Irene spürt, wie meine Augen nicht von ihr lassen können. „Sie könnte einem Maler Modell stehen", bemerkt sie und ich bin überrascht, nicht nur als Mann so zu fühlen.

Ein bisschen Melancholie schwingt in den Gesten Moanas mit. Die Leichtigkeit des Seins in einer für den fremden Betrachter scheinbar glückseligen Welt wird offenbar mit einem Hauch Schwermut ertragen – Ausdruck der jahrhunderte langen Abgeschiedenheit und Einsamkeit eines Inselvolkes. Ihren roten Pareu hat sie so gebunden, dass ihre Schultern frei sind. Auch ihre Haut ist makellos und die leichte Körperfülle steht ihr gut.

Beim Wandern am Strand treffe ich den bärtigen Sachsen wieder, mit dem ich bereits in Moorea Erfahrungen austauschte.

„Sie müssen unbedingt bei der Haifischfütterung mitmachen!" Mehr verrät er nicht. Er nickt zufrieden, als er hört, dass ich morgen mit auf Tour gehen werde. „Vielleicht sehen wir uns im Bounty!?" Fröhlich winkend zieht er weiter.

Vom Ufer aus sehe ich mehrfach fliegende Fische. Sie heißen auf Polynesisch Marara. Nach ihnen wurde das Hotel benannt. Ihr Springen reizt mich, zu ihnen hinauszuschwimmen und zwischen den Korallenbänken mit dem Schnorchel zu tauchen. Mehrfach ist das große Glück auf meiner Seite. Zuerst entdecke ich einen Imperator mit türkisfarbenen und gelben Längsstreifen. Er könnte beim Schönheitswettbewerb für tropische Fische mitmachen. Eine Muräne blickt dicht daneben aus ihrer Höhle. Noch mehr Furcht einflößend wirkt die anschließende Begegnung mit einem Grouper. Zum ersten Mal sah ich einen derartigen, finster dreinschauenden Gesellen in der Napili Bay auf Maui in Hawaii. Ich erschreckte mich fast zu Tode. Jetzt bin ich gefasster. Seine dunkelbeige Färbung und die vielen blauen Punkte lassen ihn wie ein Wesen aus der Urzeit erscheinen. Der große und dicke Fisch stellt seine stachelige Rückenflosse warnend steil aufwärts und zieht langsam vorbei. Obwohl ich eifrig nach jenen Fischen Ausschau halte, die dank ihrer langen Seitenflossen weit über das Wasser springen und ein paar Meter fliegen können, gelingt es mir nicht, sie ausfindig zu machen. Dafür werde ich durch einen Napoleon entschädigt. Er ist der größte für den Menschen ungefährliche Fisch der Lagune. Zartblau, türkis und gelbgrün ist er gefärbt. Ein rautenförmiges Netz überzieht seinen Körper. Sein übergroßes Maul mit den wulstigen blauen Lippen gibt ihm ein ulkiges Aussehen.

Am nächsten Morgen treffen wir kurz vor 9 Uhr am Bootssteg ein. Schon von weitem hallt uns ein fröhliches „Maeva" entgegen. „Ich bin Henri, Ihr Skipper."

Sein Name und sein Aussehen unterstreichen seine teilweise französische Abstammung. Er verstaut Früchte und Getränke an Bord. Der Helfer ist dunkelhäutig. Das krause Haar, die breite Nase und die tief eingekerbte Nasenwurzel deuten darauf hin, dass er aus Melanesien stammt – den Inseln der Schwarzen, wie Melanesien übersetzt heißt. Die Zeiten änderten sich. Früher hielten sich die Polynesier zur Sklavenarbeit Melanesier. Ihre Nachfahren sind heute natürlich frei. Von ihnen werden meist einfachere Arbeiten verrichtet. Pazifische Franc erhalten sie dafür, die nicht viel wert sind, wie man bei einem Besuch im Supermarkt feststellen kann.

Das schmale Auslegerboot hat acht Sitzbänke und einen Platz für den Steuermann. Sieben unternehmungsfreudige Paare sind mit von der Partie – zwei aus Japan, zwei aus Australien und drei, uns eingeschlossen, aus Deutschland. Henri prüft vor dem Ablegen die zwingend geforderte Ausstattung der Teilnehmer: Badedress, T-Shirt, Sonnenbrille, Kopfbedeckung, Sonnencreme und nochmals Sonnencreme. Schnorchel, Taucherbrille und Flossen werden empfohlen. Dann steuert er den von einem Außenbordmotor von Yamaha angetriebenen weißen Outrigger geschickt durch die Lagune. Der Helfer steht achtern auf dem Steven. Gemeinsam mit dem Skipper hält er Ausschau, damit die zahlreichen Untiefen der Korallenbänke sicher umschifft werden können. Ein Petrell begleitet unsere Fahrt.

Petrell

Das Sonnenlicht bricht sich tausendfach in den Wellen. Wir passieren das zum Hotel gehörende Motu Marara und fahren hinaus bis zum Point Tupitipiti, dem westlichen Ende der die Hauptinsel umgebenden Kette der Motus. Palmen wiegen sich am Ufer im Wind. Weiße Sandstrände darunter erstrahlen im Licht der Sonne. Ein Stück weiter schlägt Henri südwestlichen Kurs ein. Die Landzunge von Matira bleibt weit hinter uns. Das Wasser wechselt je nach Tiefe und Untergrund die Farbe und schimmert einmal kristallklar, dann türkis, schließlich dunkelblau und dann wieder kristallklar.

Ganz im Süden werfen die beiden Anker. Vom großen Riff trennen uns etwa noch einhundert Meter. Das Wasser mag an dieser Stelle drei Meter tief sein. Die Strömung ist stark. Lange werden wir nicht auf die Folter gespannt. Ein erster Hai taucht auf. Er umrundet das Boot. Das Wasser ist so rein, dass wir ihn gut erkennen können. Dann gesellen sich ein zweiter und ein dritter hinzu. Es ist nicht auszumachen, woher die anderen kommen. Plötzlich sind sie einfach da. Acht werden es schließlich. Oder zehn? Die Spitzen der Rückenflossen und des Schwanzes sind schwarz gefärbt – das typische Merkmal der Riffhaie. Die größten dürften zweieinhalb bis drei Meter lang sein. Gleichmäßig ziehen sie ihre Bahnen.

Riffhai in der Lagune von Bora Bora

Henri setzt sich auf dem hinteren Stützbalken und hangelt sich mit einem Eimer hinaus bis zum Ausleger. Dann holt er ein Stück Fisch heraus, das er etwa zwei Meter jenseits des Auslegers wirft. Das Blut malt Schlieren ins Wasser. Bewegung kommt in das Rudel. Der Größte schnappt nach dem ersten Bissen. Nicht gierig, wie ich erwartete, sondern einfach so. Mehrfach wiederholt der Skipper das Spiel. Die meisten Haie verlegen ihre Runden dorthin, wo die Happen zu holen sind. Die einen kreisen rechtsherum, die anderen gegenläufig. Nur zwei umrunden noch das ganze Boot.

„Wer wagt sich als Erster ins Wasser?" Die meisten schauen beängstigt drein. Einige lachen. Der Melanesier befestigte inzwischen eine Leiter an der Bordkante des hölzernen Outriggers. Henri springt voran.

„Machen Sie alle mit. Wenn achtundzwanzig Beine strampeln, dann haben die Haie mehr Angst vor uns, als wir vor ihnen."

Mutig folgt ihm der junge Japaner, die Unterwasserkamera fest in der Hand.

„Aber bleiben Sie zwischen dem Kanu und dem Outrigger. Sonst kann ich für nichts garantieren!"

Fast alle überwinden den inneren Schweinehund. Irene und die junge Japanerin bleiben im Boot. „Wir bewachen das Schiff", ruft diese zwar anmutig lächelnd, doch mit ängstlicher Stimme.

Die meisten klammern sich am Outrigger fest, um nicht abgetrieben zu werden. Durch die Taucherbrille verfolge ich das aufregende Schauspiel. Nicht wissend, ob das unter Wasser überhaupt möglich ist, meine ich, die Schweißperlen auf der Stirn zu fühlen. Gegen die Strömung ankämpfend, tauche ich in kurzen Abständen immer wieder auf. Mein Puls rast. Das Anhalten des Atems und die kräftigen Bewegungen können nicht die Ursachen sein. Zugegeben, ein bisschen Angst begleitet mich, wie jeden anderen auch. Henri wirkt zwischendurch beruhigend auf seine tapferen Gäste ein. Zu Angriffen sei es noch nie gekommen. Doch es gibt immer ein erstes Mal. Hoffentlich nicht heute, denkt jeder für sich. Manchmal schwimmen einige Haie auf die Gruppe zu, um kurz vorher abzudrehen. Vereinzelt taucht auch einer unter dem Boot und den tretenden Beinen hindurch, was die Frauen aufschreien lässt.

Im Aquarium von Darling Harbour in Sidney führt eine begehbare Röhre aus Plexiglas über den Grund. Dort war ich den Haien ebenfalls ganz nahe, aber stets auf der sicheren Seite einer durchsichtigen Wand. Hier ist die Sache anders. Nur ein paar Meter Wasser trennen mich von diesen Räubern des Meeres, die unaufhörlich auf und ab schwimmen. Fasziniert folge ich ihren eleganten Bewegungen. Ihr starrer und kalter Blick wird sich vermutlich unvergesslich in meine Erinnerung einprägen.

Henri wirft das letzte Stück Fischfleisch und empfiehlt, das Wasser zu verlassen. Sicher ist sicher. Mit Stolz geschwellter Brust kehren die Mutigen zurück an Bord. Das Gemurmel ist groß. Die stärksten Eindrücke werden ausgetauscht. Und obwohl jeder aus eigener Erfahrung bereits das kennt, was der andere ihm mitteilt, wird andächtig gelauscht. Auge in Auge mit den Haien. Das schweißt zusammen.

Henri steuert den Outrigger zur Westseite der Hauptinsel. Wir umfahren das bergige Motu Toopua – die Reste eines ehemaligen Nebenkraters. Die malerische Bucht von Povai ist zu sehen. Dahinter erheben sich die beiden Hausberge von Bora Bora, Otemanu und Pahia, die mit jedem Kilometer der Inselumrundung ihre Kulisse ändern. Ein Kreuzfahrtschiff durchfährt gerade die Passage von Teavanui. Vor Vaitape, dem Hauptort der Insel, wird es vor Reede gehen und seinen Passagieren Gelegenheit zum Landgang geben. Vaitape ist ebenso nichts sagend, wie die Orte der anderen Inseln – ein chinesischer Supermarkt, daneben das Krankenhaus und die Kirche, ein Stück weiter Läden, die schwarze Perlen, Kunsthandwerk und Pareus anbieten, eine Bank und ein paar Meter weiter eine zweite, die Post, ein Bootsanleger und eine Imbissbude. Dazwischen eine staubige Straße. Nichts, was in Erinnerung bleibt. Hier gefällt die Natur.

Vorbei am Tauchclub und Yachthafen öffnet sich der Blick in die Bucht von Faanui. Henri beginnt aus der Geschichte der Polynesier zu erzählen. Drei Marae – Maotetini, Taianapa und Fare Opu – sind Zeugen der alten Kultur. Sie wurden nach Westen gebaut, in Richtung zur untergehenden Sonne, wo das Ursprungsland der Ahnen liegt. Von ihnen ist der Fortbestand der Lebenden abhängig, erklärt er weiter. Sie opferten ihren Vorfahren und errichteten Ti'is und Monolithen, die inzwischen leider alle zerstört wurden. Einzig die Petroglyphen auf den Felswänden blieben in den Bergen erhalten. Ich konnte ihm zustimmen. In einer Dokumentation im Fernsehen führte ein alter Mann seine Enkel an diese heilige Stätte der Ahnen bei einer Quelle. Zwei der Steingravuren geben besonders eindrucksvoll Zeugnis vom Geschick und Wissen der Polynesier. Die eine zeigt eines ihrer Boote, mit dem sie auf große Fahrt gingen – ein Doppelkanu, zu dem wir heute Katamaran sagen. Noch viel wichtiger erscheint mir das zweite Scharrbild. Es stellt eine Schildkröte dar. Sie war für die Polynesier nicht nur mystische Urmutter der Menschheit, sondern Lotse in unbekannten Gewässern. Trächtige Schildkröten wurden angeleint und von den Booten ausgesetzt. Sie müssen ihre Eier im heißen Sand ablegen, sollen die Jungen schlüpfen. Der Urinstinkt der Schildkröten ließ sie Witterung aufnehmen und, die mutigen Seefahrer im Gefolge, ans sichere Ziel für beide bringen. Hierher verirren sich selten Schildkröten, meint Henri auf die Frage seiner Gäste zum Abschluss. Sie seien draußen bei den Motus und dort auf der Sonnenseite.

Auch das größte bergige Motu Tevairoa besteht aus den Überresten eines erloschenen Vulkans. Dahinter reiht sich ein Inselchen an das andere. Der Melanesier übernahm inzwischen die Bootsführung. Er dirigiert das Boot durch die Untiefen zu einer seichten Stelle, an der es auf dem Grund nur so von dunklen Stellen wimmelt. Er wirft den Anker und springt ins Wasser. In die Flecken kommt Bewegung. Die Rochen, die im warmen Wasser und von der Sonne direkt bestrahlt rasteten, schwirren auf und gleiten in Sichtweite des Outriggers umher. Diesmal wird der Melanesier zum Akteur. Er greift in den zweiten mitgebrachten Eimer und hält den Rochen ein Stück Fisch nach dem anderen hin. Diese fressen ihm sprichwörtlich aus der Hand. Sie seien ungefährlich, lässt uns Henri auf den Hinweis wissen, dass erst vor einigen Wochen ein Taucher von einem Rochen mit dessen Stachel durchbohrt worden und zu Tode gekommen sei.

„Diese Rochen haben keinen Stachel", versichert er. Auch er springt ins Wasser und alle folgen ihm.

Die Situation scheint weniger abenteuerlich, aber genauso unglaublich zu werden, wie das Schwimmen und Tauchen in der Nähe der Haie. Die Rochen umringen und befühlen jeden einzelnen von uns, immer auf der Suche nach einem Leckerbissen, den es allerdings nur beim Melanesier gibt. Sie fassen sich auf der weißen Unterseite glatt an und glitschig auf dem samtenen Rücken. Ihre großen Augen erscheinen mir freundlicher als jene der Haie. Einer bestürmt mich, bis ich das Gleichgewicht verliere und mit ihm untertauche. Ich wage es, seinen Schwanz zu berühren. Er ist hart und steif und die Oberfläche wellig, wie kleinstes Schildpatt. Das Ende sieht aus, wie senkrecht abgeschnitten. Bei einem anderen Rochen streife ich am Schwanzende vorsichtig gegen den Strich. Ich spüre die wehrhaften kleinen Stacheln und lasse sofort los. Natürlich ist der Schwanz die Waffe der Rochen, mit der sie Peitschenhiebe austeilen können. Uns begegnen sie friedlich und das gegenseitige Streicheln scheint ihnen und uns gleichermaßen Spaß zu machen.

Am Ufer eines kleinen Motus ganz im Norden gehen wir noch einmal vor Anker. Henri und der Melanesier servieren Pampelmusen, Orangen und Mineralwasser. Ich schwimme zu den nahen Korallenbänken und beobachte die diesmal friedliche Unterwasserwelt.

Vorbei am Motu Mute, auf dem die Landebahn des Flughafens gebaut wurde, setzen vierzehn überglückliche Menschen die Umrundung der Insel durch ihre traumhafte Lagune fort. Einige Wölkchen hängen wie Wattebäusche am Gipfel des Otemanu. Schweigend genießen alle das wechselnde Panorama und schießen zur Erinnerung die letzten Fotos. Den jungen Japaner beneide ich. Er wird, wenn wieder zu Hause, dank seiner Unterwasserkamera die Begegnung mit den Haien beweisen können, während ich nur davon erzählen kann.

Den Tag lassen wir im Restaurant La Bounty ausklingen. Der Wind legte sich. Flaute tritt ein. Die Abendsonne sticht. Zum ersten Mal kommt unangenehme Schwüle auf. Anne, die Besitzerin, begleitet uns an den Tisch.

„Nur ein frisch gezapftes Hinano kann mich jetzt retten." Fragend schaue ich Irene an.

„Gute Idee."

Ich bestelle zwei.

„Mit Schaum" rufe ich bittend Anne hinterher. Sie bringt zwei Flaschen und zwei Gläser.

„Pas de pression", meint sie.

Kein Problem. Jeder kann nach seinem Geschmack das Bier selbst schäumen.

Ich frage nach dem Catch of the day. Sie empfiehlt Poisson nature. Wir nicken zustimmend und bitten sie, dazu eine Flasche gut gekühlten Chardonnay aus Australien vorzubereiten.

Die beiden Paare aus Baden, die den Trip mit dem Outrigger mitmachten, trafen inzwischen an einem der Nachbartische ein. Auch sie freuen sich auf den ersten Schluck Bier. Sie sind wie wir in Feierlaune.

Anne kommt bald darauf mit einer glühend heißen Kaserolle. Sie serviert überbackenen Fisch in einer cremigen Sauce.

„Wir bestellten nature", reklamieren wir unisono.

„Das ist bei uns nature", sagt sie und verschwindet.

Die gratinierte Sahne und der Fisch duften leicht nach Käse.

„Kein Wunder, dass auf der Bounty gemeutert wurde", bemerke ich unwirsch. Nach dem Kosten muss ich allerdings zugeben, dass die Köchin ihr Bestes gab. Der zarte Fisch schmeckt köstlich und zerfließt auf der Zunge.

Die Badener beobachteten uns. „Was haben Sie bestellt", will einer wissen?

„Haifisch mit Käse", antworte ich launisch. „Das ist eine echte polynesische Spezialität."

Erstaunte Augen werden uns zugeworfen.

Wir verbringen noch zwei weitere Tage auf Bora Bora. Moanas Fürsorge und ihre stille Melancholie lässt mich die betriebsame Welt daheim mit ihren quälenden Zeitrastern vergessen. Der Wechsel zwischen dem scheinbar Wesentlichen des Lebens und dem vergnüglicheren Unwesentlichen führt dazu, dass für mich für einige Tage das Unwesentliche zum Wesentlichen wird und mein Leben umso lebenswerter. Auf der Terrasse des Bungalows sitzend genieße ich die Stille des Gartens, beobachte die Tag um Tag fortschreitende Reife der Bananen am Baum nebenan und versuche herauszufinden, ob die Löcher und Gänge im Boden von einarmigen Krebsen oder von Ratten gegraben wurden. Für die Polynesier waren die Nager früher eine Delikatesse, die sie von Insel zu Insel als Nahrungsquelle mitbrachten. Inzwischen entwickelten sie sich zu einer Plage. In einem Taschenbuch über Märchen aus der Südsee finde ich die Geschichte von dem Rattenfänger Pikoi. Er lebte auf der hawaiischen Insel Kauai und galt als meisterlich in seinem Handwerk. Mit einem Pfeil konnte er gleich mehrere auf einmal erlegen. Die Kunde seiner Fähigkeit drang bis zu dem großen Häuptling, dem Ali'i von Oahu. Dieser gab Pikoi seine Tochter, die Prinzessin, zur Frau. Heute dürfte Bogenschießen nicht mehr ausreichen, um eine Königstochter zu erobern.

Die Inseln unter dem Wind halten weit wertvollere Geschenkideen bereit. Kleine Farmen, von denen wir eine besuchen, züchten den von Frauen heiß begehrten Schatz des Meeres – schwarze Perlen. Neben dem Tourismus stellen sie für die Insulaner die zweitwichtigste Einnahmequelle dar. Ein Mann namens Cunmingi fand 1820 heraus, dass die Auster Pinctada Maritifera matt schimmernde, anthrazitfarbene Perlen hervorbringt. Und nur hier in dieser abgeschiedenen Welt der Südsee können sie geerntet werden. Die Geschäfte der Inseln locken mit mehr oder weniger perfekten Exemplaren. Die runde Form, der Glanz der Oberfläche und die Schichtdicke des Perlmutts bestimmen ihren Preis. Alle Perlen mit einem Durchmesser über 10 mm gelten als außergewöhnliche Rarität. Zur Hochzeit geschenkt sollen sie Unglück bringen. Nach zweiundvierzig ,Dienstjahren' jedoch kann eine schwarze Südseeperle zu Freudentränen führen.

Im Pool des Hotels stehen jeden Tag zwei junge Ehepaare bis zum Bauch im Wasser und quatschen stundenlang miteinander. Sie trinken farbige Cocktails und Moana sorgt dafür, dass ihre Gläser nie leer bleiben. Ich halte sie für Amerikaner. Wer sonst könnte den langweiligen Pool der traumhaften Lagune vorziehen. Ein bisschen beschwipst ist eine der preiswertesten und zugleich köstlichsten Varianten des Glücks. Das könnte ihr Wahlspruch sein.

Beim Lunch sitzen sie am Tisch neben uns. Moana serviert ihnen mehrere Runden Hinano. ,Only God can judge you'. Nur Gott kann dich richten. Die Worte des Tatoos auf dem Oberarm des einen erschrecken mich. Was muss ihn bewogen haben, um sich so eine Tätowierung für alle Zeit in die Haut ritzen zu lassen. Irene hält mich zurück, ihn darauf anzusprechen. Er scheint mir von fröhlicher Natur zu sein. Denn er ist meist der erste, der die angeregte Unterhaltung mit einem herzhaften Lachen quittiert.

Am nächsten Morgen, dem Tag unserer Abreise, sollte ich eine Antwort bekommen. Das jüngere Paar der beiden findet sich mit uns am Bootssteg ein. Ob ihnen Bora Bora gefallen hätte, will ich von den ihnen wissen. Und sie erzählen mit Begeisterung von ihrer Hochzeitsreise. Sie waren drei Wochen unterwegs – einige Tage in Hongkong und Bangkok, dann eine Woche in Rom und eine weitere hier auf dieser Insel.

„Im Pool" sage ich scherzhaft und gratuliere den beiden gemeinsam mit Irene zu ihrer Vermählung.

„Jetzt geht es wieder zurück nach Adelaide. Die Arbeit wartet auf uns", sagt die redselige junge Frau.

„Ihre Freunde bleiben noch?"

„Wir lernten uns hier kennen. Im Pool, wenn Sie so wollen. Die beiden fliegen morgen nach San Francisco. Richard ist froh, bald wieder zu Hause zu sein. Er versuchte nach seinem Einsatz im Irak hier auf Bora Bora auf andere Gedanken zu kommen und einen neuen Anfang zu finden. Wir hoffen, dass es ihm gelungen ist."

,Neu geboren' heißt Bora Bora, wie wir lernen konnten. Das junge Paar aus Australien fühlt sich glücklich, wir auch, und Richard, dem Amerikaner, wünschen wir, dass er die jüngste Vergangenheit rasch abstreifen und befreit einen neuen Lebensabschnitt beginnen kann.

Claudine, die Französin aus Cannes, gesellt sich hinzu, um uns am Bootssteg zu verabschieden. Nach Landessitte hängt sie allen drei Ketten aus Kaurimuscheln um den Hals. Sie sollen Glück bringen und an das kleine Paradies der Südsee erinnern.

Das Boot nimmt Fahrt auf.

„Nana", auf Wiedersehen, ruft sie uns mehrfach nach.

„Mauruuru" antworten wir. „Nana". Danke und auf Wiedersehen.

Moana steht auf der obersten Stufe zur Cafeteria. Sie winkt lange hinter uns her. Die Leichtigkeit des Seins lässt sie heute sehr fröhlich und glücklich erscheinen.

Weitere Bücher des Autors

Vom Fernweh getrieben – Impressionen eines Weltreisenden
(mit Beiträgen über New York, Mexiko, Japan, Taiwan, Libanon,
Marokko, Tunesien, Ägypten und Sinai)
Books on Demand, 2005

Hawaii – Mein Traum vom Paradies duftet nach Plumeria
Books on Demand, 2005

Asien – Meine Reisen ins Unbekannte
(mit Beiträgen über Südostasien, Thailand, China, Sri Lanka,
Indonesien und Indien)
Books on Demand 2007